술기로운
세계사

술기로운 세계사

하룻밤 술로 배우는 세계사

명욱 지음

포르체

우리 사회와 생활을 만들어 낸 술의 세계

성인이 된 1990년대에 나는 최대한 술을 멀리했었다. 당시 술자리 문화가 너무 강압적이었기 때문이다. 선배들은 술 못 마시는 후배들에게 소주를 들이붓고, 자정이 넘어도 집에 보내 주지 않았으며, 기어갈 정도로 만취해야만 겨우 보내 줬었다. 밤거리를 우르르 몰려다니며 소리를 지르는 사람들은 또 어떤가. 내게 술자리의 첫인상은 바로 이런 것이었다. 그런 나에게 술은 어쩔 수 없이 사람들에게 맞춰야 하는 곤욕스러운 일, 그 이상도 그 이하도 아니었다.

하지만 이러한 문화는 일부의 왜곡된 문화였을 뿐, 술이 가진 본질이 아니었다는 것을 알게 됐다. 술에는 땅에 기반한 역사가 함께한다는 것을 배웠다. 술로 원재료의 풍미를 알게 됐으며, 발효와 숙성의 과정을 거친 술을 마시며 지나간 세월을 감상할 수 있었다. 술을 통해 술이 만들어진 지역과 소통하고, 그것으로 그 술을 빚은 사람과 더 깊은 이야기를 할 수 있었다.

술의 문화와 역사를 배우는 과정에서 뿌리 깊이 박힌 인간의 습성 또한 더욱 이해할 수 있게 되었다. 특정 술이 탄생한 지역의 역사를 접하면서 그 땅에서 인간이 어떻게 삶을 영위해 나갔는지를 보게 되었다. 인간의 생각·습성·언어·문화가 술이라는 매개체를 통해 복잡하게 얽혀 있는 것을 발견했다. 술이 가진 역사와 다양한 흔적으로 인류가 가진 보편적 가치, 국가와 민족을 뛰어넘는 인류학적인 모습을 바라볼 수 있었다.

그래서 이 책에서는 단순한 술의 역사가 아닌, 술이라는 매개체를 통해 인간이 어떤 생각을 하고 어떻게 바뀌었는지를 쓰고자 노력했다. 거기서 파생되는 다양한 흥미로운 이야기도 함께 담았다. 여기서 말하고자 하는 술은 단순히 먹고 마시고 취하는 것이 아니다. 술의 역사와 문화로 고대인과 소통하고, 현대까지 이어지는 역사의 흔적을 보는 것이다. 중요한 건 술이 지금의 우리 사회를 이루는 데 있어서 어떤 중요한 역할을 했는가다.

술이 만들어 낸 인류 역사

술은 인간보다 더 오랜 역사를 가지고 있다. 인간이 나타나기 이전부터 자연에 존재했기 때문이다. 그것을 발견해 인간의 음료로 만든 것이 술 역사의 시작이다. 이렇게 시작된 술 역사와 문화는 현대까지 자연스럽게 이어지는 경우가 많다.

고대에도 외상값 문화가 있었다는 걸 아는가? 함무라비 법전 111조를 보면, 만약 주막의 주모가 60카(1카는 0.5L)의 맥주를 (외상으로) 주면 추수 때 곡식 50카를 받으라는 내용이 있다. 곡식 50카에 물을 넣고 맥주를 만들면 3배 이상의 맥주를 만들 수 있다. 이처럼 고대인에게도 외상이라는 개념이 있었고, 심지어는 이자에 관한 개념도 포함돼 있었다.

세계 최고의 베스트셀러인 성경(바이블)의 어원도 당시 와인 수입 산지로 유명했던 레바논의 비블로스다. 이집트 와인의 신인 오시리스는 그리스의 디오니소스, 로마의 바쿠스와 현세의 종교에까지 다양한 영향을 주었다. 알렉산더 대왕의 스승인 아리스토텔레스가 주장한 사원소설은 아랍 지역으로 건너가 연금술의 토대를 마련했고, 이는 훗날 위스키와 소주가 탄생한 계기가 된다. 또한 증류주의 발견으로 유럽에서는 방역과 소독이라는 개념이 잡히기 시작했다. 만약 이 증류주가 없었다면 이후의 역사가 어떻게 흘러갔을지 상상하기 어렵다.

십자군 전쟁은 프랑스의 대표 와인 산지인 부르고뉴의 클리뉘 수도원과 연관되어 있다고 볼 수 있다. 스스로 자립하라는 수도원 운동의 본산지였던 부르고뉴 클리뉘 수도원 출신의 교황이 바로 십자군 운동을 시작한 교황 우르바노 2세이기 때문이다. 절대 왕정 시대로 들어오는 관문인 영국·프랑스의 백년 전쟁은 와인 산지인 보르도를 둘러싼 전쟁이기도 했으며, 프랑스 영웅 잔 다르크를 잡아서 영국에 팔아 버린 나라는 와인 산지인 부르고뉴 공국이었다. 또한 프랑스혁명은 와인에 대한 과도한 세금이 촉매제 중 하나였다. 프랑스 세균학자 파스퇴르는 와인과 맥주를 연구하다가 저온살균법을 발견해 식품의 저장성을 획기적으로 늘리는 데 성공했다. 20세기에 일어난 미국의 금주법은 당시 1층에 있던 술집들을 지하로 옮기는 데 일조했으며, 현대의 생우유 유통 시스템은 생맥주의 유통 시스템을 벤치마킹하여 만든 것이다. 일본은 청일 전쟁 때 받은 배상금을 술 산업에 투자했고, 세수를 확보해 자국의 재정 확대를 꾀하여 부국강병 정책을 펼치기도 한다.

술이 만들어지는 원리

역사적 사건 이외에도 술은 인류에게 많은 것을 알려 주었다. 대표적인 것이 발효의 원리다. 알코올 발효의 원리는 간단하다. 공기 중에 있는 효모가 주스 용기 안에 들어갔을 때, 산소가 부족하면 당분을 먹고 부산물로 알코올과 이산화탄소(탄산)를 배출한다. 그래서 우리가 마시는 생과일주스 등에는 순간이지만 알코올이 미량 생성될 수밖에 없다. 다만 우리가 느끼지 못할 정도로 적다 보니 술로는 취급하지 않는 것이다. 막걸리, 맥주 등의 곡주도 마찬가지다. 쌀이나 보리에 있는 전분은 모두 복합당이다. 당이 압축된 형태라고 볼 수 있다. 이것을 '당화'라는 과정을 거쳐 압축을 풀어 주면 주스가 된다. 이러한 원리를 이용한 것이 쌀로 만든 식혜다. 앞서 말한 주스가 알코올 발효되는 원리처럼, 여기에 효모가 들어가면 마찬가지로 당이 알코올과 이산화탄소로 변화된다. 그래서 과실주와 곡주 중 어느 쪽이 먼저인지를 묻는다면, 자연발생적으로는 과실주일 가능성이 크다. 곡주는 당화라는 과정이 필요하지만 과실주는 필요 없기 때문이다. 인류사적 관점으로 본다면 또 다를 것이지만 말이다.

여기서 술이 발효되면 식초가 된다. 공기 중의 초산균이 들어가면 알코올을 먹고 식초로 바꿔 준다. 이것이 초산발효다. 그래서 식초 맛이 얼마나 나느냐에 따라 술의 컨디션 체크가 가능하다. 막걸리 식초, 와인 식초 등이 대표적이다. 쌀식초라고 불리는 제품은 바로 술에서 발효되는 것이다. 그런데 소주 식초, 위스키 식초, 코냑 식초는 있을 수 없다. 도수가 높으면 식초를 만드는 초산균이 살 수 없기 때문이다.

그렇다면 소주는 어떻게 만들어질까? 곡주나 과실주 등 발효주를 증류하면 소주류가 된다. 열을 이용해 만드는 만큼 불사를 소燒, 술주酒를 사용해 소주라고 불렀다. 증류의 원리는 간단하다. 물은 끓는 점이 100도, 알코올을 78.3도이다. 이러한 상태에서 발효주를 끓이면 당연히 알코올이 먼저 기체가 된다. 기체가 된 알코올이 상승하여 차가운 매질을 만나면 다시 액체가 되어 똑,똑,똑 이슬처럼 떨어진다. 우리가 소주를 이슬이라고 부르는 이유가 바로 여기에 있다. 그래서 우리 역사에서 소주를 나타낼 때 이슬 로露를 자주 쓰는 것이다. 홍로주, 감홍로 등이 대표적이다. 소주를 보다 보면 고문헌의 가치도 알게 된다. 조선 후기 실학자인 이익은 《성호사설》에서 소주가 만들어지는 원리를 비가 내리는 것에 비유했다. 지표면에 있는 공기가 더워져서 상승하게 되고, 차가운 공기와 충돌하면 내리는 것이 비인데, 이것이 소주가 만들어지는 맥락과 같다고 표현한 부분이다. 알고 보면 옛 지식인들이 훨씬 낭만적이었는지도 모르겠다.

주세법상에서는 곡주를 증류하면 소주, 과실주를 증류하면 브랜디(또는 일반증류주)라고 표기한다. 넓은 의미에서 본다면 모두 소주류라고 볼 수 있다. 원래는 각각의 원료의 풍미를 가지고 있는 것이 소주의 매력인데, 초록색 병으로 대표되는 한국의 희석식 소주는 이러한 특징을 가지고 있지 않다. 늘 잉여 농산물을 사용하기 때문이다. 잉여 농산물로 소주를 만든다는 것은 원료가 정해져 있지 않다는 뜻이다. 정해져 있지 않은 원료로 만들어 소주를 만들면 늘 풍미가 변할 수밖에 없다. 그래서 철저하게 맛과 향이 제거된 에틸 알코올을 만들어낸다. 그리고 이러한 알코올을 물로 희석하여 감미료를 넣고 만드는 것이다.

참고로 술의 알코올 도수를 결정하는 데는 다양한 방식이 있다. 대표적으로 물을 타서 도수를 낮추는 방법이 있다. 가장 원시적이고 기본적인 방식이다. 하지만 물을 타는 것은 도수를 낮출 뿐, 높일 수는 없다. 도수를 높이는 방법 중 대표적인 것은 당도가 높은 원료를 사용하는 것이다. 당도에 0.57을 곱하면 발효주의 최대 알코올 도수가 나오기 때문이다. 마트에 전시된 다양한 과실에 가끔 당도가 적혀 있는 경우가 있는데, 그럴 때 한번 적용해 보면 좋다. 마트의 과실 당도 표기만 봐도 그 과실을 이용해 만든 술의 알코올 도수를 가늠해 볼 수 있는 것이다.

이처럼 술은 우리 생활 속에서 이어지고 있다. 생각지도 못했던 일상적인 것들이 술과 연결된다. 역사는 과거의 흔적이 쌓인 기록이며, 우리는 그 위에서 현재를 산다. 수많은 과거의 토대 위에서는 완전히 새로운 것을 찾기가 어렵다. 그렇기에 최대한 많은 정보와 지식을 접하고, 연결해 본인의 시선을 정립해 나가는 것이 중요하다. 술이라는 관점에서 세계사를 바라본다면 이미 알고 있는 것들도 새롭게 이해할 수 있을 것이라고 생각했다. 이러한 생각이 내게 이 책을 쓰게 만들었다.

아직은 짧고 좁지만 술이라는 시각으로 세상을 바라보는 나의 관점을 공유하고 나눠 보고자 12년 넘게 쓴 칼럼 중 중요한 내용만을 책으로 묶어 정리하게 되었다. 단순히 술이 만들어진 과정이나 특징에서 끝나는 이야기가 아니라, 다양하게 파생된 이야기를 정리했다. 이 책은 기존의 책과 조금은 다르다. 일반적으로 주종에 따른 분류로 역사적 사실을 기술했다면, 이 책은 주종보다는 역사적 시간에 따라 최대한 정리하고자 했다. 선학들의 다양한 서적과 논문이 큰 도움이 되었다.

아무쪼록 책을 읽은 독자들이 술에 얽힌 이야기를 통해 다양한 시각과 관점을 가질 수 있기를 바란다. 나 역시 그러했기에, 다른 이들도 이 책으로 함께 소통하고 이어지기를 기대해 본다.

목차

1장 술, 만들어지다: 문명과 신화

2장 술, 탐다 : 전쟁과 혁명

3장 술, 마시다: 산업과 문화

1. 같은 양의 맥주(알코올 도수 5도), 막걸리(알코올 도수 6도), 위스키(알 코올 도수 40도), 소주(알코올 도수 18도), 청주(알코올 도수 14도)가 있을 때 가장 칼로리가 높은 술은 무엇인가?

2. 일반적으로 맥주를 증류하면 위스키가 된다. 와인을 증류하면 어떤 술이 되는가?

3. 일반적으로 와인, 청주, 막걸리 등 발효주의 최대 알코올 도수는 몇 도까지 나올까?

4. 증류 이외에 알코올을 추출하는 방법이 있을까? 있다면 어떻게 해 야 할까?

5. 위스키의 어원인 '우스게 바하', 보드카의 어원인 '지즈데냐 바다', 프 랑스 증류주를 뜻하는 '오드비'는 모두 같은 의미를 가지고 있다. 그 뜻은 무엇일까?

정답은 다음 쪽에 →

1. 위스키

해설: 술의 칼로리는 알코올 도수와 비례한다. 1g당 7kcal

2. 브랜디

해설: 브랜디 중 가장 유명한 술은 프랑스 코냑 지방의 코냑이다(단, 맥주를 증류해 위스키를 만들려면 홉 등의 부가물은 빠져 있어야 한다).

3. 20도 미만

해설: 20도가 넘으면 기본적으로 효모의 생식이 지극히 어려워서 알코올 생성이 잘 안 된다. 따라서 와인, 막걸리, 맥주, 청주 등 20도가 넘는 제품은 시중에 없다(최근에는 알코올 도수 20도가 넘어도 견디는 효모가 개발되었다고 한다). 20도가 넘는 제품은 인위적으로 알코올을 분리해 낸 것이며, 자연 상태에서는 거의 일어나지 않는다고 볼 수 있다.

4. 얼리면 가능

해설: 알코올의 어는점은 -114.1도다. 얼지 않는 알코올의 특성을 살려 먼저 어는 '수분'을 제거하면 보다 순도 높은 알코올을 얻을 수 있다.

5. 생명의 물

해설: 이는 중세시대 흑사병 등을 치료하는 치료제로 사용되었기 때문이다. 우리 문화에 비유하면 약소주와 같은 개념이라 할 수 있다. 중세의 증류주는 대부분 약에서 출발했으며, 그래서 발효주와는 달리 음식과 즐기는 문화가 보편적이지 않다.

의심에서 시작된 건배 문화

우리는 남과 함께 술을 마실 때 늘 '건배'한다. 잔에 술을 채우고, 서로 잔을 부딪침으로써 동질감과 소속감이 만들어진다. '건배'는 어디서 왔을까? 현재로는 고대 바이킹족에서 유래했다는 설이 가장 유력하다. 당시 그들이 쓰던 잔은 대부분 뿔잔이었다. 아래쪽이 뾰족한 형태다 보니 잔을 세울 수 없었고, 잔을 채우면 늘 한 번에 다 마셔야 했다. 한마디로 '원샷'이다. 또 잔을 부딪치는 풍습은 적들과 화친을 할 때, 술잔을 부딪쳐서 잔 속의 술을 서로 섞음으로써 독을 탔는지를 확인하기 위해서였다. 이러한 문화가 대륙을 건너 중국으로 왔으며, 일본이 답습하고, 우리나라까지 전해졌다는 것이 일반적인 견해이다.

영화 〈아이스맨〉에는 이런 대사가 나온다. "I thought it's bad luck to cheers with water." 한마디로 물을 가지고 건배하면 악운이 온다는 것이다. 왜 물로 건배하는 것을 불길하게 여길까? 대표적인 이유는 물이 죽음을 상징했기 때문이다. 물은 이승과 저승의 갈림길이며, 그것을 건너는 순간 세계가 바뀐다. 또한 물은 재생을 의미하기도 한다. 그러니 물을 건너는 것은 이승의 존재가 저승의 존재로 새로 탄생한다는 의미를 지닌다.

불국사 같은 유명 사찰의 입구에 개울과 다리가 함께 있는 것도 같은 이유다. 불교의 경전인《장아함경長阿含経》에도 물과 죽음의 관계가 나타난다. 임종 직전의 석가모니가 제자에게 물을 요청했고, 이후 귀신이 물을 석가모니에게 줬다. 때로는 오탁수五濁水 *라는 물을 마셔야만 저승에 속한 존재가 되는 경우도 있다.

우리 설화에서 물을 건너 저승으로 가는 여정을 묘사하고 있는 자료는《바리공주》다. 바리공주는 삼천리를 걸어가 석가세존을 만난다. 그리고 해로海路 삼천리를 건널 수 있는 낭화(신비한 힘을 발휘하는 꽃)를 얻는다. 그녀는 바다를 육지로 만든 후 그 길을 건너 지옥에 도달한다. 바리공주는 낭화를 흔들어 지옥을 깨뜨렸으며, 무지개다리를 건너 무장승이 사는 서천서역국에 도착한다. 여기서 서천서역국은 인도를 뜻한다.

물로 삶과 죽음을 나누는 것은 서양도 마찬가지다. 고대 그리스인은 지하에 흐르는 망각의 강 레테Lethe의 물을 마시면 과거를 잊는다고 믿었다. 그래서 고인을 보낼 때 잔에 물을 담아 건배를 했다.

---

* 오탁(五濁)이란 불교의 오탁악세(五濁惡世)에서 유래했다 여기서 오란 명·겁·중생·견·번뇌의 다섯 가지를 말한다. 탁(濁)은 범어로 가사(kaṣāy)인데 이것은 오염, 부패, 타락을 의미한다. 즉 오탁악세란 명(命)등을 비롯한 다섯 가지가 오염되어 타락한 나쁜 세계, 혹은 말세를 말한다. 저승으로 가는 오탁수는 이러한 다섯 가지를 끊고 저승으로 가는 것을 의미한다. (출처: 한국민족문화대백과)

그러면서 고인이 다른 세상으로 무사히 가기를 빌었다.

물로 건배하는 게 불길하다는 건 지금 시대에는 미신에 지나지 않는다. 다만 한국의 술자리에서 물로 건배를 하면 약간 배신감을 주는 듯하다. 결국 같이 취하고, 서로 솔직하자는 것인데 물만 마시는 상대방을 보면 애주가 입장에서는 속은 것 같다는 것이다. 하지만 술을 못 마시는 입장에서는 술 대신 물로 잔을 기울이며 분위기를 깨지 않으려는 나름의 배려일 것이다. 누구의 잔에 뭐가 들었든 다 함께 즐기며 마시는 그 자리가 중요한 게 아닐까.

술,
만들어지다

문명과 신화

실크로드의 요충지가
와인의 발상지다?

　과거 동서양의 교류가 가장 활발했던 곳은 코카서스 문명이다. 서쪽으로는 튀르키예, 북쪽으로는 러시아, 남쪽으로는 이란과 맞닿아 있다. 《플리니우스 박물지》에 따르면 스키타이어인 크로카시스(흰 눈)에서 이 이름이 유래했다고 한다. 백인을 코카소이드 Caucasoids라고 부르기도 하는데, 이 역시 여기서 유래했다. 동서양의 교류가 활발했던 만큼 기독교와 이슬람이 교차한 곳이기도 하다. 문명의 십자로에 있다고 해도 과언이 아니다. 역사적으로 전략적 요충지였기에 페르시아 제국, 이슬람 제국, 몽골 제국, 오스만 제국 등이 침략을 거듭해 왔다. 하지만 역사학자들은 이러한 복잡한 역사가 있어 지역 문화가 더욱 풍부해졌다고 말한다.

　이 지역을 남북으로 나눠 보자. 북코카서스 지역은 러시아 연방에 속해 있다. 대표적인 지역은 체첸이다. 남쪽으로는 1991년 소련 해체를 계기로 독립한 코카서스 3국 아제르바이잔, 아르메니아, 조지아가 있다. 흥미로운 점은 3국의 종교가 서로 다르다는 것이다. 아제르바이잔은 95%가 이슬람교도지만 아르메니아는 93%, 조지아는 90% 가까이가 기독교도다. 두 기독교 국가는 실크로드의 요충지이자, 대표적인 와인의 발상지라 할 수 있다. 위치는 서아시아에 속하지만, 정치·경제·문화적으로는 유럽에 가깝다. 또한 각종 국제기구에서 유럽 소속 회원국으로 활동 중이기 때문에 이들을 동유럽으로 보기도 한다(대한민국 외교부에서는 아르메니아를 유럽으로 분류한다).

와인의 발상지, 조지아

그렇다면 조지아와 아르메니아 중 어느 나라가 와인의 발상지일까? 유적으로 본다면 현재까지 와인의 발상지로 가장 유력한 지역은 조지아다. 현존하는 가장 오래된 와인 용기가 조지아의 코카서스 산맥에서 발견되었기 때문이다. 조지아의 수도 트빌리시 남쪽의 유적에서 발견한 약 8,000년 전 항아리의 파편에서 포도를 발효해 만든 와인의 흔적이 드러난 것이다.

와인의 흔적은 8개의 토기에서 검출되었는데, 발견된 항아리에는 포도와 춤을 추는 남성의 소박한 그림이 그려져 있다. 그중 가장 오래된 것은 기원전 5,980년경 전의 것으로 본다. 2017년 11월 초 〈미국국립과학원회보PNAS 또는 PNAS USA〉에 해당 내용이 발표됐고, 최초의 와인 양조의 흔적으로 인정받았다. 항아리에는 포도 씨

앗과 꺾꽂이로 포도나무를 재배한 흔적도 있었다. 이러한 흔적이 발견된 곳은 무덤으로 둘러싸여 있었는데, 이를 보고 고고학자들은 와인이 의식용으로 사용되었다고 추정한다. 현재 조지아에서는 이러한 항아리를 크베브리Qvevri라고 부르며, 이것은 특히 사람이 들어갈 수 있는 거대한 크기를 자랑한다.

기존의 가장 오래된 와인 양조 흔적은 기원전 5,000년 전 이란의 자그로스 산맥에서 발견된 것이었으나, 이후 2017년에 세계 과학계가 조지아에서 와인 양조의 최초 흔적이 발견되었음을 인정했다. 조지아의 전통적인 양조법은 이렇다. 우선 포도를 압착기에서 짜서 포도즙과 포도 껍질, 줄기, 씨를 모두 땅에 묻혀 있는 크베브리 안에 담는다. 크베브리를 밀봉한 후, 5~6개월 동안 숙성시켜 만든다. 이 방법은 우리의 장(발효) 문화와 유사하다. 조지아인들은 종교적 행사가 아닌 일상에서도 와인을 이용했다. 집에 귀한 손님이 방문하면 밀봉된 크베브리를 개봉해 와인을 대접하는 식이었다. 지금도 이들에게 와인 저장고는 집안에서 가장 신성한 장소로 여겨진다. 우리가 겨우내 잘 숙성된 김치를 땅속 항아리에서 꺼내는 것처럼, 조지아는 와인을 꺼내는 셈이다.

그렇다면 조지아는 언제부터 기독교 국가였을까? 서조지아의 이베리아 왕국에서는 마리안 3세가 기독교를 공식적인 국교로 확립했다. 이 시기를 317~330년 사이로 본다. 로마의 경우 콘스탄티누스 황제의 313년 밀라노 칙령으로 기독교를 허용했고, 380년에 테오도시우스 황제가 로마 제국의 국교로 선포했다. 로마가 허용했기에 가능한 일이었다지만, 결과적으로 조지아가 로마보다 약 50년 이상 빠르게 기독교를 국교로 확립한 것이다. 이들은 가장 오래된 와인 역사를 이룬 것과 동시에, 국교인 기독교(그리스 정교)를 지켜 와인을 자연스럽게 발달시킬 수 있었다. 4세기 이후, 기독교 국가가 된 이후에는 포도나무로 십자가를 만들었다고 한다.

프로메테우스와 그리스 신화

와인 제조법은 고대부터 남쪽으로 전해졌다. 중동의 이란은 기원전 5,000년, 메소포타미아 지방과 이집트에서는 기원전 4,000년 정도부터 포도를 재배했다고 한다. 즉, 와인이 우리가 익히 알고 있는 것처럼 그리스, 로마가 중심지였던 게 아니라 원래 중동 지방 및 이집트가 중심이었다는 것이다.

조지아가 있는 코카서스 산맥과 연관된 그리스 신화도 있다. 프로메테우스 신화다. 프로메테우스는 인간에게 불을 전한 죄로 제우스에게 코카서스 산맥의 대표적인 고봉 카브베기산(5,047m)에 쇠사슬로 묶여 매일 독수리에게 간을 쪼이는 형벌을 받았다. 밤이면 재생되는 심장 때문에 죽고 싶어도 죽지 못했다. 영원히 이어질 것 같았던 형벌은 뜻하지 않게 독수리를 죽인 헤라클레스 덕분에 끝이 난다. 프로메테우스는 보답으로 헤라클레스의 과업 중 하나인 황금사과를 얻는 법을 알려준다. 이후 거인족인 기간테스와의 전쟁에서 헤라클레스의 도움이 필요했던 제우스는 이 일을 알고 프로메테우스를 용서해 준다.

프로메테우스는 제우스에게 예언을 하나 전달한 적이 있다. 바다의 여신 테티스가 제우스의 아이를 낳는다면, 그 아이가 제우스의 힘을 넘어서고, 결국 아이가 제우스를 몰락시킬 것이라고 했다. 제우스는 아버지인 크로노스를 물리치고 올림푸스 12신의 주신이 됐고, 그의 아버지 크로노스도 아버지인 우라노스를 물리치고 권력을 쥐었다. 그래서 제우스는 자식과 아버지 사이의 권력 전복에 민감할 수밖에 없었다. 결국 제우스는 자신의 손자이자 헤라클레스의 절친인 펠레우스를 테티스와 결혼시킨다. 이들 사이에서 태어난 아이가 트로이 전쟁의 영웅 아킬레우스다.

제우스는 늘 바람피우는 것으로 유명하다. 그건 자신과 인간 사이에 태어난 자식이 거인들과의 전쟁을 승리로 이끌 것이라는 신탁을 받았기 때문이다. 실제로 인간과의 자식인 헤라클레스가 전쟁에서 큰 활약을 한다. 그래서 이 거인들과의 전쟁이 끝나면 예전처럼 바람피우러 다니는 모습은 거의 보이지 않는다.

이처럼 코카서스 산맥은 기독교, 이슬람교, 그리스 신화까지 이어지는 장대한 문화의 서사가 이뤄지는 곳이라고 볼 수 있다.

전 세계에
와인을 알린
성경

와인을 세계에 알린 책이 있다면 아마 성경일 것이다. 성경은
지난 50년간 39억 부 가까이 팔린 세계 최고의 스테디셀러다. 성경
(개역개정)에는 포도 관련 내용이 379번이나 등장하며, 와인(포도주)
으로 한정해도 185번이나 나온다. 성경에서 와인 이야기가 최초로
등장하는 것은 노아의 방주*다. 노아의 방주 이야기 배경이 된 지역

---

* 　 인간들이 방탕한 생활에 빠지자 하나님은 홍수로 그들을 심판한
다. 노아는 그것을 미리 알고 120년에 걸쳐 거대한 방주를 만든다. 그 배에
8명의 가족과 여러 동물들을 한 쌍씩 태워 인류와 동물이 홍수에서 살아
날 수 있었다. 당시의 기록을 보면 방주의 길이는 300큐빗, 너비 50큐빗,
높이 30큐빗이다. 고대의 1큐빗은 약 45~46cm으로 길이 130m, 높이 13m
정도의 3층 구조라고 한다.

은 어디일까?

노아의 방주가 40일간의 대홍수를 피해 안착한 곳은 아라라트산(5,137m)이다. 아르메니아와 튀르키예의 국경 지대에 있는 산이다. 지금도 그 산자락에는 포도나무들이 아름답게 펼쳐져 있다. 아르메니아는 이 지역을 지극히 성스러운 곳으로 생각한다. 아르메니아는 우리에게는 다소 낯선 나라지만, 세계사에 종적을 많이 남겼다. 특히 동로마 제국 황제 11명을 배출한 민족이기도 하다.

노아는 이후 아라라트산 자락에 정착한다. 그는 홍수의 물이 빠진 후에 포도나무를 심었다고 한다. 그 후에는 와인을 마시고 취했다는 기록도 나온다. 실제로 이 지역에는 포도밭이 많고, 여전히 와인을 많이 만든다. 또한 아르메니아에서는 최초의 와이너리 흔적이 발견되었다. 인류 최초의 양조가 조지아라면, 와인을 체계적으로 생산하는 최초의 와이너리는 아르메니아인 것이다. 아르메니아는 노아가 도착한 아라라트산에서 불과 100km밖에 떨어져 있지 않다.

최초의 와이너리 흔적은 2007년 UCLA 팀이 발견했다. 장소는 코카서스 남쪽의 바요츠조르 주의 아레니 동굴이다. 지금으로부터 6,100년 전의 이 유적이 와이너리로 판명된 건, 대규모 생산이 가능한 시스템이기 때문이었다. 와인의 대량 생산에 필요한 포도 압착기가 나왔으며, 여러 도기, 와인 양조용 포도인 비티스 비니페라Vitis vinifera 포도 씨앗, 시든 포도 덩굴, 술잔 등이 출토되었다. 체계적으로 와인을 만들었다는 것을 알 수 있는 대목이다. UCLA의 고고학자 그레고리 아레시안은 아레니 동굴 유적이 와인 생산에 대한 최초이자, 가장 신뢰할 만한 증거라고 말했다.

서구 역사의 아버지라고 불리는 그리스의 역사가 헤로도토스 역시 아르메니아 와인을 언급했다. 그가 기원전 5세기에 쓴 저서 《헤로도토스 역사》에서는 아르메니아 상인이 유프라테스 강을 내려와 바빌론까지 와인을 운반하는 모습을 설명하고 있다. 헤로도토스에 의하면, 그들은 목재 골조에 가죽을 덧붙인 배를 강에 띄워 와인이 들어간 나무통과 당나귀를 태웠다. 바빌론에 도착해 목재와 와인을 처분하고, 가죽은 접어 당나귀의 등에 싣고 강변을 걸어 돌아갔다고 한다. 지금의 아르메니아는 유프라테스강과 접해 있지 않지만, 한때 아르메니아인의 거주 지역은 터키 동부에서 이란 북서부에 이를 정도로 훨씬 넓었다. 아르메니아와 수메르 문명 사이에서 최초의 와인 무역이 이뤄졌던 것이다.

신학자들은 이 지역을 인종의 시작 지점으로도 본다. 방주에서 나온 노아의 세 아들 셈, 함, 야벳이 그 주인공이다. 와인을 마시고 취한 아버지 노아의 벌거벗은 하체를 본 함은 밖으로 나가 두 형제에게 알렸다. 함과는 달리 셈과 야벳은 노아의 하체를 보지 않고 옷을 가져다가 덮어 주었다고 성경은 기록하고 있다.

이 사실을 알게 된 노아는 가나안과 그의 후손들에게 저주를 내린다. 성경 속 노아의 아들들을 묘사한 구절에 따르면 함은 팔레스타인, 가나안, 에디오피아, 리비아 등의 민족 기원이 되었다. 셈은 지금의 유대인을 비롯한 아랍인, 야벳은 백인이 되었다고 말한다. 인종으로 말하자면 함은 흑인, 야벳은 백인, 그리고 셈은 수메르인, 나아가 동양인으로 말하기도 한다. 하지만 이러한 해석은 인종차별을 부추겼다고 분석된다. 흑인의 조상인 함이 야훼에게 저주를 받았다는 해석으로 흑인을 노예로 부리는 것을 정당화했다는 것이다.

특히 19세기의 많은 역사학자들은 이러한 해석이 남부 기독교인들의 노예제도를 합리화시켰다고 본다. 최근 펜실베니아 주립대에서 13년간 유대 문헌에 나타난 함에 관한 사항을 낱낱이 파헤쳤다. 히브리어나 셈족 언어에서 '함'이란 낱말의 뜻이 검정, 어둠 등으로 해석된 것을 확인했다.

참고로 성경에서는 피부색으로 사람을 차별하지 않는다. 아가서에 보면 술라미는 '검으나 아름다우니(아 1:5)' 했으며, 모세는 (십보라가 죽은 후) 구스(에디오피아) 여인을 아내로 맞이했다(민 12:1). 어두운 색을 열등하게 보는 것은 후대에 생겨난 정서인 것이다. 함의 역사성에 관해서는 "노예제는 남부 백인들이 흑인들을 제어하기 위한 수단"이었다며 "노예제는 함의 반항적 행동에 대한 응답"이었다는 주장도 있었다. 결국 열강들 입맛에 맞춰 성경의 해석을 달리 했다고 볼 수 있다.

아르메니아인 대학살

아라라트산은 현재 튀르키예 영토다. 하지만 민족의 성지로 여기는 만큼 분쟁이 끊이지 않는다. 그리고 그 배경에는 '아르메니아인 대학살'이 있다. 20세기 초까지 지금의 아르메니아와 코카서스 3국은 오스만 제국의 영토였다. 하지만 계속해서 그리스와 동유럽의 국가들이 독립했고, 오스만 제국의 영향력은 떨어져 자국 내의 소수 민족들의 움직임도 활발해졌다. 이때 일어난 것이 바로 '아르메니아인 대학살'이다. 적게는 수만, 많게는 수백만의 아르메니아인과 소수 민족이 19세기 말부터 20세기까지 강제 이주, 학살로 사망했다. 이 사건은 좁게는 제1차 세계대전 중에 일어난 학살 사건을 지칭한다. 다만 오스만 제국 정부에 의한 계획적이고 조직적인 학살이라는 의견이 다수이기 때문에 아르메니아인 학살, 제노사이드Genocide라고 불린다.

오스만 제국은 제1차 세계대전 당시 독일 제국, 오스트리아-헝가리 제국과 동맹국에 속해 있었다. 패전 후 전후 처리를 위해 1920년 8월 10일 프랑스의 세브르에서 연합국과 오스만 제국 사이에 세브르 조약을 맺는다. 아라라트산 일대는 러시아혁명 이후 생겨난 신생국인 아르메니아 제1공화국의 영토였다. 아르메니아는 튀르키예가 혼란에 빠진 사이 고대 아르메니아 왕국 시절의 영토를 탈환하려 침공을 감행한다. 하지만 역으로 공격받아 튀르키예가 점령하고 만다. 아르메니아는 소련의 혁명가이자 군인인 미하일 프룬제가 이끄는 붉은 군대와의 전투에서도 패배했다. 이후 소련에 흡수되어 아르메니아 공화국은 사라지게 되었다.

러시아는 소련 시절인 1923년, 로잔 조약에서 러시아-튀르크 전쟁(1877~1878)을 통해 러시아 제국이 오스만 제국에게서 빼앗은 카르스, 아르다한 일대를 돌려 준다. 그러면서 아라라트산을 튀르키예 영토로 공식 인정한다. 당시 아라라트산 주변에는 아르메니아인 대학살로 아르메니아인이 거의 없었다. 1991년, 소련이 해체되고 독립한 아르메니아 공화국은 과거에 튀르키예와 소련에 의해 성립된 국경을 인정하지 않고 있다. 자신들의 의지와 상관없이 성립되었기 때문이다. 그렇다보니 이들에게 이처럼 지속적인 분쟁이 일어나고 있는 것은 어쩌면 당연하다.

2021년, 조 바이든 미국 대통령은 튀르키예의 전신인 오스만 제국의 아르메니아인 학살을 제노사이드로 규정했다. 제노사이드란 집단학살이라는 말로 표현되지만 대량 살육뿐만 아니라 사회, 문화적 탄압 하에 인종 청소와 민족 말살까지 동반한 반인류적 범죄를 뜻한다. 제노사이드는 폴란드계 유대인 법학자 라파엘 렘킨이 처음 제시한 용어로, 씨족을 뜻하는 희랍어 게노스genos와 살해를 뜻하는 라틴어 카이데스caedes를 합친 말이다. 유엔이 1948년 채택한 '제노사이드 방지와 처벌에 관한 협약Genocide Convention'을 통해 제노사이드를 저지른 범죄자를 처벌할 수 있으며, 각국에 자국민에 대한 제노사이드를 방지할 보호책임R2P을 부여한다는 내용을 담고 있다.

3

맥주에서 이어지는
인류 최초의 서사시
길가메시 서사시

가장 오래된 와인 기록은 어디서 찾아볼 수 있을까? 메소포타미아 문명에서 그 힌트를 찾을 수 있다. 조지아와 아르메니아는 와인의 흔적이 있었지만, 이곳에서는 문자로 직접 기록되었다. 기원전 3,000년경의 쐐기문자 Cuneiform script 로 기록된 점토판에서다. 이것은 수메르 고대 도시인 우르의 유적에서 출토된 공예품이다. 자색석회암, 조개껍질, 청금석 모자이크가 박혀 있다. 왕과 가신들이 연회를 즐기는 장면이 그려져 있는데, 왕이 지금의 와인잔과 유사한 긴 잔을 들고 있는 것을 볼 수 있다. 오사카 카쿠인 대학의 치카코 E. 와타나베 교수에 따르면 당시 수메르 문명에서는 와인 교역을 하고 있었으며, 와인은 상류 계급만 마시는 고급 술이었다고 한다. 이러한 배경을 봤을 때 해당 공예품에 그려진 술이 와인이 아니겠느냐는 추론을 할 수 있다.

수메르의 문명은 메소포타미아 문명의 토대가 되었다. 기원전 5,500년경부터 3,500년경 사이에 수메르 지방에서는 관개 농업이 본격화됐다. 이를 통해 메소포타미아 최초의 제국인 아카드 제국과 함께 이 지역 문명의 기초를 만들어냈다. 수메르 지역의 문명은 인류에게 최초로 문자와 역사의 개념을 남겼다는 평가를 받는다. 여기에 농업, 장거리 무역, 전쟁, 문학 등 문명의 기초가 이 지역에서 출발하고, 발전했다. 참고로 점토판은 영어로 태블릿Tablet으로 불린다. 인류 역사상 최초로 문자를 사용한 수메르 문명이 IT혁명의 큰 역할을 담당한 태블릿까지 이어지는 것이다.

인류 역사상 가장 오래된 서사시이자 최초의 문학 작품이라고 불리는 《길가메시 서사시》에 술에 대한 기록이 자주 등장한다. 《길가메시 서사시》는 '설화군'이라고 하는데, 이것은 단일 저자가 저술한 것이 아니라 1,000여 년간 누적되고 수집된 설화 모음집이다. 서양 서사시 중 최고 작품으로 꼽히는 호메로스의 《일리아스》와 《오디세이아》보다 약 4,000년은 앞선 작품이다. 다만 실존 인물보다는 수천 년을 전해지던 왕들의 이야기를 조합한 것으로 보인다. 조각난 이야기를 바빌로니아 시대에 서사시로 정리했다고 보고 있다.

최초의 인류 문명을 이야기할 때 가장 많이 언급하는 도시는 우르크Uruk다. 그곳의 전설적인 왕 길가메시는 이곳을 126년 동안 지배했다. 3분의 1은 인간, 3분의 2는 신인 영웅이다. 초기에는 자신이 가장 강하다고 생각하여 백성들을 괴롭히고, 강해 보이는 남자들에게 폭력을 휘두르는 악행을 저질렀다.

길가메시의 라이벌 엔키두,
술을 마시고 인간이 되다

하지만 난세에는 영웅이 등장하기 마련이다. 창조의 여신 아루루가 흙으로 길가메시에 대항할 존재를 만든다. 그가 바로 엔키두다. 하지만 문제가 있었다. 그가 사람의 말을 듣는 인간이 아니었다는 것이다. 온몸은 털로 뒤덮여 있었으며, 도시나 마을이 아닌 물웅덩이 근처에서 풀을 뜯고, 동물들과 자연스럽게 대화하는 존재였다.

이때 샴하트라는 여인이 엔키두에게 가져간 것이 바로 술이었다. 6박 7일간 술과 빵을 먹고, 그녀와 함께 밤을 보내면서 그의 야수성이 하나씩 벗겨졌고, 여기에 인간의 지혜까지 더해졌다. 드디어 엔키두는 길가메시와 싸움을 하게 되었고, 길었던 싸움은 결국 엔키두의 승리로 끝나게 된다(다만 판본마다 승리자가 다르다). 그 이후 두 사람은 절친한 친구가 되어 여정을 같이 한다. 길가메시와 엔키두는 의기투합해 신들에게 도전하는 등 온갖 행적을 남긴다. 길가메시는 산목산이라 불리는 신들의 숲을 지키는 괴물 훔바바를 물리쳐서 백향목이라는 나무를 얻는다. 이 나무는 역사적으로도 매우 중요한데, 향이 좋고 내구성이 좋아 건축 자재는 물론 지중해를 호령한 페니키아인의 갤리선에도 쓴 재료다. 성경에도 무려 70번 이상 등장하는 메소포타미아 문명의 대표 목재라고 볼 수 있다. 현재 페니키아 문명의 중심지에 위치한 레바논 국기에도 그려져 있다.

길가메시는 이성과의 문제로 큰 어려움을 겪기도 한다. 사랑의 여신 인안나가 길가메시에게 반해 청혼을 했는데 길가메시는 인안나와 사랑에 빠진 이들의 최후가 비참했다며 청혼을 거절한다. 인안나는 복수하기 위해 하늘 문을 지키는 '하늘의 황소' 구갈안나를 내려 보낸다. 구갈안나는 우르크에 7년간 기근과 파괴를 일으켰다. 그럼에도 길가메시는 구갈안나를 죽이는 것을 주저했다. 구갈안나가 신이었기 때문이다. 그러자 엔키두가 나서서 구갈안나를 죽여버린다. 곧 우르크는 평화를 되찾았으나, 인안나는 다시 저주를 내린다. 그러자 엔키두는 구갈안나의 허벅지를 잘라 인안나의 얼굴에 던진다. 인간이 감히 신을 모욕했다는 이유로 신들의 회의가 열렸다. 신의 피가 섞인 길가메시는 죽음을 피할 수 있었지만, 엔키두는 죽게 된다.

상심한 길가메시는 영생을 찾아 떠난다. 그는 인간 중 유일하게 영생을 사는 우트나피쉬팀을 찾으러 떠난다. 이 여정에서 기록상 최초의 주모인 시두리가 등장한다. 그녀는 와인 및 맥주 양조의 여신이자 지혜의 여신이기도 하다. 그녀는 길가메시의 넋두리를 들어준다. 길가메시는 그의 절친한 친구인 엔키두가 죽었다는 것, 그래서 영원한 생명을 찾아 방황하고 있다는 것을 털어놓는다.

시두리는 길가메시에게 직관적으로 충고한다. 그녀는 단호하게 영생은 찾지 못할 것이라고 말했다. 신은 인간에게 죽음을 붙여 주었으며, 생명이 그들을 보살피게 했다고 했다. 좋은 것으로 배를 채우고, 춤추고 즐기며 잔치를 벌이고, 깨끗한 옷과 물로 목욕하며, 자식을 낳고 아내를 품 안에 품으라고 조언했다. 이것이 인간의 운명이라고 말한다. 불로불사인 신들은 인간이 즐기는 것을 누리지 못한다고 했다. 이는 영생같은 허황된 것을 쫓지 말고, 돌아가 현실을 그대로 즐기며 열심히 살라는 말로 해석된다. 시두리가 지혜의 여신으로 불리는 이유다.

하지만 길가메시는 시두리의 말을 듣지 않고 영생을 찾아 우트나피쉬팀을 계속 찾아 나선다. 이 대목에서 노아의 방주와 무척 흡사한 이야기가 나온다. 창세기와 마찬가지로 홍수로 세상을 심판하는 내용인데, 방주를 만들어 동물을 한 쌍씩 태우고, 땅을 발견하고, 새를 날려 보내 그것을 확인하는 과정 등이 상당히 비슷하다. 그리고 우트나피쉬팀이 방주를 만드는 과정에서 기술자들에게 맥주, 기름, 와인을 나누어 주었고, 그들은 받은 것들을 강물처럼 마셨다고 한다. 성경에서 노아가 와인을 마시고 취했다면, 우트나피쉬팀은 일삯으로 와인을 나눠준 것으로 보인다.

우트나피쉬팀을 찾은 길가메시는 영생의 비법을 알려달라고 애원한다. 그러자 우트나피쉬팀은 7일 동안 잠을 자지 않는다면 그 비법을 알려주겠다고 말했다. 기회를 잡은 길가메시는 안타깝게도 마지막 밤에 잠들어버린다. 우트나피쉬팀은 그에게 잠도 못 이기면서 어찌 죽음을 이기냐고 핀잔을 준다. 우트나피쉬팀의 아내는 그런 길가메시가 안쓰러워 보였는지 그에게 선물을 주는 것이 어떻겠냐고 남편에게 부탁한다. 아내의 부탁을 받은 우트나피쉬팀은 결국 불로초가 있는 곳을 알려 준다. 불로초를 얻게 된 길가메시는 고향으로 돌아가는 길에 목욕을 하다 뱀에게 불로초를 빼앗기고 만다. 불로초를 먹은 뱀은 허물을 벗어 젊은 몸을 가질 수 있게 되었다.

길가메시는 꿈속에서 신들을 만난다. 죽음은 피할 수 없지만, 죽으면 저승의 왕이 될 수 있으니 죽음을 받아들이라는 그들의 말을 듣게 된다. 결국 그는 자신의 행적을 돌에 새긴 후 백성들 앞에서 의 연하게 죽는다.

1장 술, 만들어지다: 문명과 신화

4

물과 치유가 만나 탄생한
수메르의 맥주 여신

수메르의 대홍수와 맥주의 여신은 서로 연관이 있다. 맥주의 여신의 이름은 닌카시로, 그녀의 아버지는 엔키다. 엔키는 담수와 바다를 관장하는 물의 신으로, 수메르의 일곱 지배신 중 한 명이다. 노아의 방주와 이 이야기가 다른 점은 홍수를 일으키는 존재와 그것을 알려 주는 존재가 다르다는 것이다. 여기서 홍수를 일으키는 존재는 엔키의 배다른 형제인 엔릴이다. 그는 대기, 폭풍우를 관장하는 바람의 신이자 땅의 지배신이다.

엔릴이 홍수로 인간을 말살하려고 할 때, 엔키는 갈대 벽 밖의 우트나피쉬팀에게 혼잣말 하듯이 이를 알려준다. 엔키가 인간을 구하려고 한 이유는 그가 인간을 창조했기 때문이었다. 그렇게 인류는 살아남는다. 엔릴은 엔키에게 대노했지만, 그는 혼잣말을 했을 뿐이라고 발뺌한다. 엔릴은 화가 났으나, 자신들을 대신해 일하는 인간이 없어지면 곤란하다는 것을 깨닫는다. 엔릴은 우트나피쉬팀 부부에게 할 수 없이 영생을 약속하고, 태양이 뜨는 신들의 낙원에 거처할 수 있게 한다.

물과 치유 사이에서 태어난 맥주의 여신

맥주의 여신 닌카시는 태어난 과정이 좀 복잡하다. 닌카시의 아버지는 엔키, 어머니는 치유의 여신 닌티다. 닌카시는 물을 관장하는 아버지인 엔키와 치유를 담당하는 어머니 닌티 사이에서 태어난 존재다. 그래서 맥주를 마시면 치유되는 것 같은 느낌이 드는 건지도 모르겠다.

수메르 문명에는 또 다른 와인의 신이 있다. 바로 게슈틴안나다. 그녀는 엔키와 닌티의 엄마인 땅의 여신 닌후르사그의 딸이자 농업, 해몽의 신이기도 하다. 하늘의 포도나무, 자존심 강한 포도나무를 상징한다. 게슈틴안나는 사랑의 여신인 인안나와 연관이 있다. 인안나가 복수를 위해 길가메시에게 보낸 하늘의 수소 구갈안나는 저승의 여신인 에레시키갈의 남편이었다. 구갈안나가 죽자 인안나는 에레시키갈에 의해 죽임을 당하고, 시체가 벽에 매달리게 되었다. 인안나의 남편인 풍요의 신 두무지와 두무지의 누나인 게슈틴안나가 지하 세계에서 반년씩 번갈아가며 대신 매달리는 형벌을 치르는 대가로 인안나는 겨우 부활할 수 있게 된다. 풍요의 신인 두무지가 지하에 있을 때는 겨울이 시작된다. 포도나무는 땅속 깊이 뿌리를 내리는데, 게슈틴안나는 와인의 신이기에 이러한 원리에 맞게 이러한 지하 세계를 경험하게 한 것이 아닌가 싶다.

이런 점은 이집트 와인의 신인 오시리스와 그리스 와인의 신인 디오니소스에게도 확인할 수 있다. 오시리스는 부활과 지하 세계의 신이며, 디오니소스는 저승을 다녀가기도 하기 때문이다. 한편, 게슈틴안나가 와인의 여신이 아니라는 주장도 있다. 프랑스의 고대 근동 전문가 장 포테로의 《세상에서 가장 오래된 요리》에 따르면 게슈틴안나는 와인이라는 뜻도 있지만, 포도나무와 포도 그 자체를 뜻하는 것이라고 한다. 와인을 의미하는 것은 후대에 붙여진 것으로 보인다. 게슈틴안나는 포도 및 포도나무의 여신이지, 와인으로 신격화는 되지 않았다고 설명한다. 이 점은 맥주로 신격화된 닌카시와 차이가 있다.

5

와인 제조 방법을 그림으로 남긴 고대 이집트

고대 이집트라는 것은 멀고도 멀리 느껴진다. 일단 언제부터 언제까지인지가 정확하지 않다. 일반적으로 고왕국 시대, 중왕국 시대, 신왕국 시대로 나뉜다. 기원전 32세기 전후부터 기원전 22세기 전후까지, 약 1,000년간 고왕국 시대였다. 분열된 이집트가 다시 통일되며 혼란이 수습된 기원전 21세기 이후부터 힉소스인에게 정복당한 기원전 18세기까지의 약 300년간을 중왕국 시대라고 한다. 또한 힉소스로부터 독립하고, 기원전 16세기부터 제20왕조가 멸망한 기원전 11세기까지의 500년간을 신왕국 시대라고 부른다. 이후 페르시아 제국의 지배를 받았으며, 기원전 323년부터 기원전 30년까지 군주를 마지막으로 파라오라고 부른 프톨레마이오스 왕조로 이어진다.

고왕국 시대의 가장 유명한 인물은 제4왕조의 쿠푸왕이다. 기자에 있는 세계에서 가장 큰 피라미드를 지은 인물이다. 이는 기원전 26세기에 지어졌으며, 27년이라는 세월에 걸친 대공사 끝에 완공됐다. 1311년에 영국의 링컨 대성당이 완공될 때까지 자그마치 3,871년 동안 최고층 건축물이었다. 신왕국 시대에서 가장 유명한 인물은 람세스 2세다. 이집트의 전성기를 이끌었으며, 모세의 출애굽기에 대한 시기도 이 시대로 본다. 고대 이집트의 마지막 왕조는 유럽인 계열이다. 바로 그리스 마케도니아 계열이라고 볼 수 있는 프톨레마이오스 왕조다. 알렉산더 대왕이 헬레니즘 제국을 세우며 이집트 지방을 차지한 장군 프톨레마이오스가 세운 왕조다. 마지막 파라오가 그 유명한 클레오파트라 7세다. 유럽인에 의해 세워지고 유럽인에 의해 무너진 왕조라고 볼 수 있다.

내세를 대비한 피라미드

피라미드는 얼마나 오래 전에 세워졌을까? 이에 대한 예시가 있다. 피라미드가 처음 건립된 시기부터 클레오파트라 7세가 있었던 시기 사이의 간격보다, 클레오파트라 7세가 있었던 시기와 아이폰이 출시된 시기 사이의 간격이 더 짧다. 이집트가 역사가 얼마나 오래되었는지를 알려 주는 유명한 이야기다.

피라미드는 고대 로마 시절에도 로마인들에게 유명한 고대 유적이자 관광코스였다. 카이사르와 클레오파트라 7세가 나일강 유람을 즐기면서 피라미드를 구경했다는 기록은 유명하다. 이미 2,000년 전부터 핫플레이스였던 셈이다. 지금으로부터 2,000년 전에 세워진

콜로세움, 판테온 등은 4,000년 전에 세워진 피라미드에 비하면 신축 빌딩이나 다름없었다. 잘 알려진 것처럼 나일강의 범람을 이용한 농업이 성했고, 나일강의 물을 잘 다루기 위해 촌락의 통합이 이뤄졌다. 헤로도토스도 이집트는 나일강의 선물이라고 말했다. 그런데 이집트는 어떻게 피라미드를 지을 수 있을 만큼 고도로 기술이 발전할 수 있었을까? 그 이유 역시 나일강에서 찾아볼 수 있다.

《헤로도토스 역사》에 따르면 이집트에서는 나일강이 범람하면 유실된 땅만큼 세금을 면제해 줬다. 다만 이 유실된 땅의 면적을 알아야 했고, 그것을 알아내기 위한 도형 계산이 발전하게 되었다. 그것이 기하학의 기원이 되었고, 여기에 수학도 같이 발달했다. 수학과 기하학이 발달하니 덩달아 건축 기술도 발달했다. 나일강이 만들어 준 지형 덕분에 이집트는 내세의 세계에도 집중할 수 있었다. 왼쪽으로는 사하라 사막, 오른쪽으로는 홍해, 그리고 나일강이 국경을 에워싸 적을 방어할 수 있는 환경이 조성되었기 때문이다. 외부의 침입에 신경을 덜 쓰고 안정적인 치세가 가능하다 보니 내세에 대해 고찰할 수 있었다.

이 부분이 이집트 문명과 메소포타미아 문명의 가장 큰 차이점 중 하나다. 자연 방어막이 비교적 적은, 평원 위주의 메소포타미아 문명 사람들은 내세보다는 현실과 현세를 중요시했다. 내세를 생각할 만큼 여유가 없었을 것이라고 학자들은 분석하고 있다. 평원이라 당장의 적들을 경계해야 했고, 그래서 피라미드와 같은 내세에 관한 문화가 적을 수밖에 없었던 것이다.

와인의 역사는 이집트의 역사와도 이어진다. 특히 고왕국 시대인 기원전 3000년 전, 지금의 가나안 땅인 레반트 지역에서 이집트로 포도 재배가 도입되었다. 왕실의 번영과 함께 와인 제조업이 나일강 주변의 삼각주 지역에서 번영했다.

이집트 와인의 역사는 현대 와인의 역사에 큰 족적을 남겼다. 조지아, 아르메니아, 수메르 문명과 달리 와인을 제조하는 방법이 그대로 벽화와 파피루스에 기록을 남긴 것이다. 포도를 따는 모습부터 발로 으깨는 과정, 그리고 착즙 및 저장 발효까지 현대의 와인 제조와 크게 다르지 않다. 그 과정은 기원전 14세기 투트모세 4세의 천문관인 나크트의 묘에 쓰여진 벽화에서 살펴볼 수 있다. 이 벽화에는 아주 자세하게 와인의 양조공정이 그려져 있다. 포도를 수확하고, 포도를 밟아 착즙을 진행하며, 착즙된 포도즙은 아래로 흘러나오고 이것을 암포라라는 항아리에 넣고 발효 및 저장을 진행한다.

이집트의 와인이 고대 와인 발상지 조지아 유적과 다른 부분은 바로 이 착즙 부분이다. 조지아에서는 포도 자체를 크베브리에 넣고 발효시켰다. 이와 다르게 고대 이집트에서는 포도를 착즙한 액체만을 사용해 와인의 품질을 향상시키려 했다. 다만 조지아의 와인처럼 크베브리를 땅에 묻어 냉각으로 발효를 안정시키는 방식은 취하지 않았던 것으로 보인다. 암포라에 들어간 와인은 발효가 끝나면 그대로 숙성되었다. 고대 이집트에서 현대 와인의 착즙, 저장, 숙성 과정을 그대로 차용했다는 것을 알 수 있다. 암포라에는 와인의 양조 년도, 품질, 책임자 이름, 그리고 와이너리의 책임자 등도 같이 기재되어 있었다. 현대 와인의 라벨과 원산지 호칭 제도라고도 이야기할 수 있는 시스템이 고대 이집트에도 있었던 것을 알 수 있다.

　흥미롭게도 이집트에서는 최초의 화이트 와인에 대한 기록 및 유물이 등장한다. 이집트 신왕국 18왕조의 12대 파라오였던 투탕카멘의 유적에서 발견된 6개의 암포라 중 5개의 암포라에 화이트 와인이라는 표기가 있었기 때문이다. 그의 무덤에는 레드 와인이 서쪽에, 화이트 와인이 동쪽에 놓였다. 아마 이집트인들의 환생에 대한 믿음과 관련된 상징적인 이유 때문일 것이라고 본다.

6

와인으로 이어지는
이집트 신화

고대 그리스 철학자 플루타르코스의 《윤리론집》에 따르면 와인은 신들과 싸우던 선조들의 피였고, 그들이 대지로 돌아온다. 그 증표로 태어난 것이 포도이며, 그 포도로 만든 와인은 선조들의 피라고 나와있다. 고대 이집트 사람들은 피와 색깔이 유사한 레드 와인을 마시면 선조들의 피로 충만해져 죽은 자와 신 같은 초월적 존재와 교류할 수 있다고 봤다. 와인이 철저히 종교적 의미를 가지고 있었다는 것을 알 수 있다. 이처럼 와인은 고대 이집트 생활 의식에서 중요한 역할을 했다. 종교와 와인의 뗄래야 뗄 수 없는 부분이 바로 이러한 부분이다.

이집트 와인의 신은 대지의 신 게브의 아들로 태어난 오시리스다. 오시리스는 농업과 부활, 그리고 와인의 신이다. 이는 그가 포도를 재배하고, 그 포도를 이용한 와인을 담근 최초의 존재이기 때문이다. 농업과 연관이 있는 신이기에 그의 피부는 녹색이다. 전 세계에 문명과 농업을 알리기 위해 그는 통치를 여동생이자 아내인 이시스에게 맡겼다고 한다. 오시리스는 기후와 토양이 안 맞는 지역에는 보리를 빚어 맥주를 만들게 했다. 그 결과 양식을 제공하는 자로 인정받았으며, 백성들은 그를 숭배했다. 그런 이유로 이집트의 파라오는 자신이 오시리스의 후계자임을 과시했다.

오시리스를 중심으로 한 엽기적인 신화가 있다. 오시리스가 남동생 세트에게 배신을 당하게 되는 사건이다. 풍요의 신인 오시리스와는 달리 세트는 사막의 신이었다. 세트는 왕권을 빼앗아 본인이 왕이 되기 위해 오시리스를 처단하려 한다. 그는 오시리스의 몸 치수를 잰 후, 몸 사이즈에 딱 맞는 멋진 관을 하나 준비한다. 그리고 연회를 열어 이 관에 몸이 잘 맞는 사람에게 이 관을 선물하겠다고 말한다. 결국 함정에 빠진 오시리스가 관 안에 들어가자 이내 세트는 관의 뚜껑을 닫고 나오지 못하게 못질을 한 후, 그것을 나일강에 던져버린다. 오시리스의 시체는 비블로스(지금의 레바논)까지 떠내려간다. 그 사실을 알게 된 이시스는 페니키아 계열 비블로스 왕가의 유모로 위장하여 오시리스의 시신을 찾아낸다.

하지만 세트는 기어이 오시리스의 시체를 다시 찾아낸다. 오시리스의 시신은 14조각으로 토막이 나서 나일강에 버려진다. 그 시신을 이시스와 여동생 네프티스가 필사적으로 찾아 다시 되살려 놓는다. 결국 다시 살아난 오시리스는 저승의 왕이 된다. 오시리스는 최종적으로 저승의 왕으로 군림해 죽은 자들을 재판하는 역할을 한다. 그래서 오시리스는 파라오의 죽음과 죽은 뒤의 삶을 상징한다.

이 사건으로 오시리스와 이시스의 아들인 호루스는 세트에게 복수를 다짐한다. 매의 머리를 한 호루스는 이집트의 상징이기도 하다. 호루스와 세트가 끊임없이 싸우며 대립하는 것이 이집트 신화의 주요 내용 중 하나다. 80년간의 싸움 끝에 결국 호루스가 승리하여 파라오가 된다. 그러자 태양신 라가 세트를 거두어 하늘을 가르는 자신의 배에 태웠다. 이후에도 세트는 이집트 신화 속에서 지속적으로 등장한다. 그래서 세트와 호루스가 이집트를 절반씩 지배했다는 설도 있다. 참고로 세트를 대표하는 동물은 사냥용 개, 호루스는 매다. 이처럼 서로 경쟁하면서 또 협력하는 관계였다고도 한다. 각각의 신을 숭배하는 상이집트와 하이집트 간의 전쟁에서 세트를 숭배하는 쪽이 패하면서, 세트가 악신 계열에 들어가게 됐다는 해석도 있다.

세트는 죽기 전에 호루스의 왼쪽 눈을 공격한다. 이에 호루스의 눈은 산산조각이 난다. 조각난 눈은 지식과 과학의 신 토트가 마법의 힘으로 치유해 줬다고 한다. 그렇게 회복한 호루스의 왼쪽 눈은 검을 빛을 띠며 치유와 달을 상징하게 되었으며, 오른쪽 눈은 태양을 상징하게 되었다. 또한 호루스는 세트를 죽인 만큼 파라오의 왕권을 수호하는 상징이 되었다. 호루스의 눈은 지금도 이집트의 상징으로 다양한 곳에서 사용되고 있다. 살아서 호루스의 화신으로 이집트를 통치하던 파라오는 죽어서는 오시리스가 되어 서쪽의 죽은 자의 땅을 통치하게 된다. 파라오의 사후 세계에 대한 완벽한 보험을 갖춘 셈이다. 파라오를 미라로 만드는 중요한 이유이기도 하다.

신화학자들은 오시리스의 행적이 다른 종교 및 신화와 무척 닮았다고 말한다. 신체가 강에 떠내려간다는 것과 이시스가 유모가 되어 그를 구출되는 모습 등은 성경 속 모세의 이야기와 유사하다. 오시리스가 부활하는 모습은 디오니소스 및 예수의 모습과 흡사하다. 《헤로도토스 역사》에 따르면 거의 모든 신들의 이름은 이집트에서 그리스로 왔으며, 디오니소스에게 직접적인 영향을 미친 것이 바로 오시리스라고 한다.

7

유럽 문명의 뿌리
페니키아 문명

지금의 시리아 및 레바논 지역이 이집트의 세력 하에 있었던 때가 있었다. 신왕국 제19대 왕조 3대 파라오 람세스 2세가 집권했던 시기다. 이집트의 최전성기 중 하나다. 위대한 파라오라 불리는 그는 20대에 왕위를 물려받았고, 이후 60년 이상 이집트를 통치했다. 수도를 테베에서 피람세스Pi Ramessu로 옮기며 아부심벨 대신전을 비롯한 대규모 건축물을 짓기도 했다. 이렇게 람세스 2세가 진출한 지역 중에서 가장 대표적인 곳이 바로 페니키아의 도시 국가인 비블로스다. 그리고 이곳에 유럽 문명의 출발이라는 페니키아가 있다. 페니키아는 기원전 2,500년 지중해 동부를 장악한 고대 문명 국가로, 현재의 레바논의 영역에 가장 가깝다고 볼 수 있다.

그리스 신화에 등장하는 페니키아 공주 에우로파의 이름이

유럽의 어원이 되었다는 말도 있다. 에우로파는 레바논 남부 티레 Tyre의 페니키아 왕 아게노르와 여왕 텔레파사의 딸이었다고 언급된다. 호메로스의 《일리아스》에서는 그녀가 페니키아의 시초인 포이닉스의 딸로 나타난다. 에우로파를 보고 반한 제우스가 황소로 변신해 그녀를 크레타섬으로 납치했으며, 바로 그곳에서 크레타 문명이 발전했다고 전해진다. 이때 에우로파를 태운 황소가 크레타섬으로 가는 동안 지나간 지역들이 유럽이라고 한다. 크레타섬으로 그녀를 데려간 이유는 제우스가 아버지 크로노스의 눈을 피해 크레타섬에서 숨어 산 적이 있기 때문이다.

실제로 페니키아인은 유럽 문화의 시초라도 해도 과언이 아니다. 그들만의 알파벳을 전수했으며, 훌륭한 항해술을 전수했다. 페니키아 문자가 훌륭하다고 하는 것은 22개의 자음으로 이루어진 인류 최초의 알파벳을 만들어 사용했기 때문이다. 수많은 무역 거래를 진행하면서 선적 및 출항의 모든 증거를 남겨야 했기에 문자의 역할이 중요했다. 사람이 말하는 소리를 기호로 나타낸 표음문자인 페니키아인의 알파벳은 고대 그리스와 고대 로마 알파벳에 영향을 미쳤다. 이전의 쐐기문자나 상형문자는 600개, 많게는 6,000개나 되기 때문에 쉽게 익히기가 어려웠다. 하지만 알파벳은 20개 정도의 글자만 외우면 누구나 쓰고 읽을 수 있다.

페니키아인은 노아의 자손 셈, 함, 야벳 중 바다의 셈족 계열이라고 본다. 내륙의 셈족은 메소포타미아의 아카드 왕국(기원전 2334년), 고바빌로니아 왕국(기원전 1895년) 등 내륙에 눈을 돌렸는데, 특이하게도 해안에 관심을 가진 계층이 페니키아인이다. 유대인도 셈족 계열 중 하나인데, 종교는 달랐다. 그들은 유일신이지만 페니키아인은 다신교였다. 고대 셈어로 페니키아인을 부르는 명칭이 가나안Canaan이다. 흔히 말하는 가나안 민족이 이들이다. 중세 이후 대부분은 같은 셈족 계열인 아랍인에 동화되었고 이탈리아인, 스페인인과 포르투갈인의 혈통에 관여하기도 했다. 그리스인은 무역 등의 목적으로 동쪽에서 온 그들을 페니키아인이라고 불렀다. 페니키아라는 명칭은 페니키아인의 거주지가 그리스어로 '포에니케'라고 불린 것에서 유래한다.

페니키아인은 뿔고둥에서 따온 자색의 염료를 특산품으로 가지고 있었다. 불명확하지만 그 자색이라는 의미의 그리스어를 어원으로 한다는 설이 존재한다. 가나안이라는 호칭도 아카드어로 염료를 의미하는 키냅에서 유래한다. 뿔고둥 10,000개에서 겨우 1g의 자색 염료를 얻을 수 있다고 한다. 이 염료는 햇빛과 물기에도 변색이 잘 되지 않으며, 오히려 색이 밝아져 금보다 귀하게 취급되었다. 이 자색은 이후 티리언 퍼플Tyrian purple이라고도 한다. 그리스와 로마 왕과 귀족들이 입었으며, 추기경의 색깔이 되었고, 레드카펫의 기원이 되기도 한다. 이 염료를 그리스에서는 페닉스Phoinix라고 불렀는데, 이는 불사조 '피닉스Phoenix'와도 어근을 공유한다.

페니키아인이 첫 번째로 설립한 도시 국가가 바로 비블로스다. 비블로스는 파피루스를 뜻하는 그리스어로, 이집트에서 공수한 파피루스를 팔았다고 해서 비블로스라는 이름으로 불렸다. 이집트와의 파피루스 무역으로 많은 돈을 만지기는 했지만, 이집트나 이웃 나라 바빌론에 비하면 약소국의 집합체였으며 주로 속국으로 있었다. 그래서 국력이 강하다기보다 돈을 많이 만지던 곳이다. 이집트에서는 조염을 정제하거나 천일염을 생산해 팔았으며, 유리 기술이 있어서 각종 그릇이나 거울을 상용화하기도 했다. 길가메시가 괴물 홈바바를 물리치고 얻었다는 백향목을 활용한 기름도 만들었다. 이 기름은 이집트로 수출, 미이라를 만드는 데 사용되었다. 곰팡이, 벌레, 흰개미를 방지하는 효과가 있었기 때문이다. 이 목재는 과거 성전을 지을 때도 사용되었다.

이들은 백향목으로 또 하나의 발명품을 만든다. 바로 갤리Galley선이다. 얇은 흘수, 낮은 선현이 특징으로, 추진력으로 인력을 추가해 바람의 영향을 덜었고, 인력은 보조 추진력으로 사용했다. 이를 통해 페니키아인은 지중해 어디든지 자기 집 앞처럼 다녔고, 지중해 내에 거점 도시를 마련한다. 대표적인 도시가 100년 넘게 로마의 라이벌이었던 카르타고다. 이베리아 반도에도 거점을 마련하는데, 그곳이 콜럼버스가 항해를 시작한 카디즈Cadiz다. 2,000년 후, 해적 출신의 영국 제독인 프랜시스 드레이크가 이 카디즈를 습격해 셰리 와인 3,000통을 전리품으로 챙겨간다. 카디즈 지역의 헤레즈Jerez 지역에서 왔다고 하여 셰리Sherry라고 부른다.

《헤로도토스 역사》에 따르면 기원전 600년경, 이집트의 파라오 네오 2세로부터 명을 받은 페니키아인은 홍해에서 출항한다. 이후 희망봉을 거쳐 시계 방향으로 아프리카 대륙을 일주하고 3년째에 이집트로 돌아왔다고 한다. 이것이 사실이라면 포르투갈의 바르톨로뮤 디아스Bartolomeu Dias가 희망봉을 발견한 것보다 2,000년 전의 일이기도 하다. 그들이 얼마나 훌륭한 항해 기술을 가지고 있었는지 알 수 있는 대목이다.

페니키아는 와인 산지로도 유명했다. 레바논에서 만든 와인은 당대 너무 유명해서 페니키아의 도시 이름인 비블로스에서 유래한 와인이 아예 고급 와인의 대명사가 될 정도였다. 지금으로 비유하자면, 샴페인이나 코냑 등을 언급할 수 있겠다. 샴페인이나 코냑은 술 이름이 아닌 프랑스의 지역명이고, 이 지역에서 생산되어야 해당 명칭을 붙일 수 있기 때문이다. 페니키아인은 와인을 규격화했다. 이유는 간단하다. 제대로 수출하려면 표준 규격이 있어야 했다. 대표적인 것이 와인 용기 암포라다. 크기와 높이 등의 규격을 맞추었으며 이것으로 이웃 국가에 수출했다. 또한 송진을 발라 보존 방식을 발전시키는 등 와인 수출의 기틀을 마련했다.

이후 페니키아에서 그리스로 와인이 전파되었는데, 그리스에서는 주로 물을 타서 마셨다. 원액 그대로를 마시는 것은 야만인의 행위로 생각했기 때문이다. 이는 그리스의 상류층이 그리스 북쪽에 사는 슬라브 계열의 스키타이족의 원액 음주 문화를 혐오해서 생긴 것이라는 주장도 있다. 현대 그리스어로 와인을 크라시 κρασί 라고 하는데, 이것은 혼합이라는 뜻이다.

8

민주주의에 기여한 그리스 와인의 신 디오니소스

그리스 신화에서 디오니소스는 올림푸스 12신 중 막내였으며 광기, 감정 등 예측 불가능한 모든 것을 상징하기도 했다. 포스트모더니즘의 선구자인 철학자 니체는 디오니소스를 도취적, 격정적 예술을 상징하는 신으로, 그와 대조적인 신으로는 이성적 신인 아폴론을 생각했다. 그래서 디오니소스파는 예술 및 음악가로, 아폴론파는 의사와 정치가 등으로 직업을 나누기도 한다. 디오니소스의 출신은 여러 설이 있으나 호메로스의 《일리아스》에 의하면 제우스와 테베의 공주 세멜레 사이에서 태어났다. 제우스의 외도에 화가 난 헤라는 세멜레를 없애기로 한다. 다만 자신의 손에 피를 묻히기는 싫었다. 그리하여 헤라는 비극적인 복수를 계획한다. 바로 제우스의 손으로 세멜레를 태워 죽이게 하는 것이었다. 제우스는 원래 번개를 가지고 다녔지만, 번개를 인간에게 보이면 죽을 것이 명백했기에 인간 앞에서는 숨겨왔다. 헤라는 이 점을 이용하기로 했다.

헤라는 세멜레의 옛 유모인 베로에로 변신한다. 그리고 세멜레에게 그녀가 만나는 이가 진짜 제우스 신이 맞냐고 의심 섞인 말을 던진다. 세멜레는 처음에는 흔들리지 않았지만, 점차 제우스의 존재를 의심하며 확인하기로 한다. 헤라에게 속은 세멜레는 제우스에게 그 어떤 내용이라도 자기 부탁을 들어달라고 조른다. 증표로 신도 거부할 수 없는 맹세의 강인 스틱스Styx 강물에 대고 맹세하게 한다. 결국 제우스는 약속대로 번개를 지닌 모습으로 나타났고, 열기에 못 이긴 세멜레는 불타버리게 된다. 그때 세멜레의 뱃속에는 제우스의 아이가 있었다. 제우스는 이 아이를 헤라에게서 숨기기 위해 자신의 허벅지에 넣고 키운다. 이렇게 태어난 아이가 디오니소스다. 디오니소스라는 이름은 제우스의 아들이라는 뜻도 있지만, '두 번Dio 태어난 자nysos'라는 뜻이기도 하다. 세멜레와 제우스 모두에게서 태어났기 때문이다. 디오니소스는 헤라에 의해 몇 번이고 죽임을 당하지만, 다시 살아난다. 마치 겨울에 죽은 포도나무가 열매를 다시 맺듯이 말이다. 그래서 포도나무는 부활이라는 의미도 갖는다. 이는 앞서 언급한 이집트 와인의 신 오시리스와도 이어진다.

디오니소스는 양성성을 지닌 것으로 묘사되는데, 이는 헤라에게 들키지 않기 위해 딸로도 키워졌기 때문이다. 그는 결국 헤라의 감시망에 걸려 소아시아를 떠돌아다니게 된다. 이때 자신이 익혔던 포도 재배 방법과 와인 제조 방법을 알렸다. 그와 함께 자신의 신성을 알리기 위해 포교 활동도 같이 하게 되었다. 이러한 포교 활동을 인정받아 이후 올림푸스 12신에 들어가게 된다. 디오니소스는 술과 축제의 신으로, 와인을 통해 인간에게 기쁨을 준다. 반대로 자신의 신도와 자신을 무시하는 자에게는 응징을 내렸다. 이와 관련된 일화가 있다. 그리스 북부 트라키아의 왕 리크루고스가 디오니소스 숭배를 금지시키고 여사제들을 박해한 일이 있었다. 그러자 디오니소스는 그를 미치게 하여 아들을 제 손으로 죽이도록 한다. 백성들은 그런 리쿠르고스를 묶어 식인을 하는 말에게 던진다. 이게 디오니소스가 광기의 신이라고 불리는 이유다.

디오니소스의 부인과 크레타섬의 미노타우로스

디오니소스의 부인은 크레타의 공주 아리아드네다. 이야기는 크레타의 반인반우 미노타우로스 전설로 넘어간다. 페니키아의 공주 에우로파와 제우스 사이에서 태어난 크레타의 왕 미노스는 바다의 신 포세이돈으로부터 황소를 선물 받게 된다. 그 소는 신에게 제물로 바치라는 뜻으로 내려진 것이었다. 그런데 미노스의 왕비인 파시파에가 그 소를 마음에 들어하자, 제물로 바치지 않게 된다. 다른 소로 대체하여 제사를 올리자 포세이돈은 분노하게 되고, 그 벌로 왕비인 파시파에가 그 소를 사랑하게 만든다. 그 소와 파시파에 사이에서 태어난 것이 반은 소, 반은 인간인 미노타우로스다.

미노스 왕은 이 괴물이 못 나오게 라비린토스라는 미궁에 가둔다. 그는 매년 아테네에서 보내진 소년과 소녀 14명을 미노타우로스의 먹이로 주었다. 여기에 아테네의 왕자 테세우스가 이들을 구하고자 등장한다. 크레타의 공주 아리아드네는 크레타를 구하러 온 테세우스에게 반해버린다. 그를 너무 사랑한 나머지 테세우스가 미궁에서 빠져나올 수 있게 실타래를 하나 선물한다. 그 실타래를 풀면서 가면 나중에 돌아올 때도 실을 따라 빠져나올 수 있었기 때문이다. 그러면서 테세우스에게 조건을 하나 건다. 도움을 주는 대신 돌아가면 자신을 아내로 맞이해 달라는 것이었다. 결국 미궁으로 들어간 테세우스는 미노타우로스를 처단하고, 실을 따라 무사히 나오게 된다. 여기서 나온 실타래를 '아리아드네의 실'이라고 부른다. 우리말로 의역하자면 '어려운 문제를 풀기 위한 실마리' 등으로 해석할 수 있다.

미노타우로스를 죽인 테세우스는 아리아드네와 함께 아테네로 향한다. 돌아가던 중에 테세우스는 식수를 조달하기 위해 에게해의 키클라데스 제도에서 가장 큰 섬인 낙소스Naxos섬에 들르게 된다. 이때 테세우스는 아리아드네를 혼자 남겨두고 떠난다. 테세우스가 아리아드네를 버리고 간 것에 대해서는 디오니소스가 테세우스에게 아리아드네를 놓고 가라고 했다는 이야기도 있고, 전쟁의 여신 아테나가 테세우스에게 아리아드네를 낙소스섬에 두고 가도록 했다는 이야기도 있다. 어쨌든 이때 디오니소스가 등장해 혼자 남겨진 아리아드네를 위로하며 자신의 아내로 삼았다.

이 낙소스섬은 제우스가 어릴 때 머물렀던 곳으로, 그의 아들 디오니소스도 이 낙소스섬에서 물의 님프들에게 키워졌다. 생각해 보면 디오니소스는 아버지의 번개라는 불에 의해 태어났고, 물에 의해 길러졌다. 이것은 포도가 익기 위해서는 태양열이 필요하며, 그와 함께 수분이 필요하다는 의미로 귀결된다. 후에 아리아드네는 디오니소스와의 사이에서 12명의 자식을 낳았고, 나이가 들어 세상을 떠난다. 그러자 디오니소스는 결혼할 때 그녀에게 준 왕관을 하늘 높이 던진다. 그것이 왕관자리가 되어 하늘을 빛냈다고 한다.

민주주의 사상과 이어지는 디오니소스 세계관

디오니소스의 존재는 크레타 문명, 나아가 페니키아까지 연결된다. 그의 어머니 세멜레는 테베의 공주이며, 그녀의 아버지는 에우로파의 오빠이자 페니키아의 왕자였다. 그는 바로 기원전 371년 스파르타를 무너트린 도시 국가 테베를 건국한 카드모스다. 카드모스는 에우로파가 제우스에게 납치되자, 동생을 찾기 위해 그리스 전역을 찾아다닌다. 그러다 후에 미의 여신 아프로디테의 딸인 조화의 여신 하르모니아와 결혼을 한다. 두 사람 사이의 딸이 바로 디오니소스의 어머니인 세멜레다.

즉, 디오니소스는 그리스에 와인을 전파한 페니키아인의 후손이기도 한 것이다. 그래서인지 테베는 페르시아 전쟁 당시 그리스의 편에 서지 않고 페르시아 편에 선다. 또한 앞서 말했던 크레타섬의 미노스 왕 역시 제우스에게 납치된 페니키아의 공주 에우로파의 아들이었다. 이 이야기에서 페니키아 문명이 그리스에 얼마나 많은 영향을 끼쳤는지를 알 수 있다. 그래서인지 디오니소스는 그리스 본토의 신이라기보다는 살짝 변방, 또는 외지의 신으로 본다.

디오니소스는 민주주의 사상에 있어서도 큰 역할을 한다. 디오니소스에 관한 신앙이 종교로 자리잡힌 후 신도들이 핍박을 받았다는 사실은 그리스에 어렵게 퍼져 나갔다는 것을 의미한다. 이들은 외부의 종교이거나 변방의 종교에서 출발했을 가능성이 크다. 디오니소스교가 퍼졌을 기원전 6세기 전후는 그리스에 문명이 점점 자리 잡던 때였다. 문명이라는 이름 하에 본능과 감정이 억제되었고, 규율과 이성이 더 높이 평가되었다. 하지만 그 와중에도 인간의 본능을 표출할 통로가 필요했다. 이때 함께 와인을 마시고 노래하며 춤추는, 격렬한 감정을 나타내는 디오니소스교가 민중과 빈민, 여성들에게 인기를 끌게 된다. 디오니소스교는 엄격한 규율을 벗어난 해방적 성격을 가지고 있었다. 이성을 중시하는 분위기 속에서도 이러한 자유로운 활동을 막는 것은 쉽지 않았다. 디오니소스교의 포교를 막는다면 어마어마한 저주가 내릴 것이라는 두려움이 있었기 때문이다.

디오니소스는 농민과 평범한 사람들을 대상으로 포도 재배법을 알려 주는 소탈하고 서민적인 이미지가 컸다. 농촌을 중심으로 빠르게 퍼져나간 디오니소스교는 기원전 600년 전후로 국가 차원으로 확대된다. 부활을 의미하는 디오니소스에게 겨우내 말라있던 죽음의 땅에서 새싹이 돋아나 풍성한 수확을 거둘 수 있길 기대하며 제의를 바쳤다. 그러면서 문명으로부터 억눌려져 있던 자유와 무질서에 대한 갈망을 축제 기간 동안 해소했다.

이러한 축제에서 연극이 나타나게 된다. 각 마을마다 합창곡을 한데 모아 경연을 하게 되는데, 여기서 배우의 연기와 대사를 넣은 최초의 연극이 생기게 된다. 가장 인기가 있는 것은 비극이었다. 고통과 파멸을 간접적으로 체험하면서 정화와 부활의 감정을 느끼는 것이다. 또한 다른 사람과 함께 울고, 웃고, 떠들면서 같은 시민으로의 연대감과 정치 의식을 길렀다. 디오니소스 극장에는 1~20,000명의 관객이 몰렸다. 많은 비극적인 이야기에는 폭정을 일삼는 독재자는 비참한 최후를 맞는다는 메세지가 포함되어 있었다. 이것은 시민들이 정치적 결정을 하는 데도 큰 영향을 주었다. 결국 연극이 민중들의 시민의식을 고취시켜 민주주의 발달로 이어지게 된 것이다.

헤라를 구한 디오니소스

그리스 신화의 디오니소스는 늘 광기에 휩싸인 듯하지만, 사실 이성과 관용의 모습도 많이 보여준다. 심지어 그는 어머니의 원수인 헤라를 구한 적이 있다. 호메로스에 따르면 제우스가 아테나를 혼자 힘으로 낳자, 헤라는 자신도 할 수 있다며 헤파이스토스를 낳는다. 하지만 아이가 너무나도 허약하고 흉하게 태어나자 수치스럽게 여긴 나머지 죽이려고 했다. 헤라는 자식인 헤파이스토스를 죽이려고 올림포스산 꼭대기에서 바다로 던져버린다. 헤파이스토스는 운좋게 목숨은 부지할 수 있었지만 떨어지면서 다리 한쪽이 부러져 평생 다리를 절며 살 수 밖에 없었다.

그것이 미안했던 헤라는 헤파이스토스에게 최고의 대장간을 선물한다. 헤파이스토스는 거기서 금·은 세공술과 다양한 걸작품을 만들어 낸다. 대표적으로 프로메테우스를 묶은 끊어지지 않는 쇠사슬, 헤르메스의 날개 달린 신발과 모자, 아프로디테의 허리띠, 아가멤논의 지휘봉, 제우스의 방패, 아르테미스의 활과 화살, 아테나의 창이 있다. 신들의 물건은 대부분 그가 만들었다고 해도 과언이 아니다. 심지어 그 유명한 판도라의 상자(또는 항아리)도 그가 만들었다. 하지만 헤파이토스는 어머니 헤라에 대한 원한을 잊지 않았다. 그는 헤라를 곤란에 빠트릴 함정을 하나 만든다. 앉으면 사슬에 옥죄이는 황금 의자를 만든 것이다.

이때 디오니소스가 헤파이스토스를 만취하게 하여, 그 사이에 헤라가 함정에서 빠져나올 수 있도록 돕는다. 이 일로 헤라는 디오니소스에게 고마움을 전했고, 이 둘의 오랜 악연은 사라지게 된다. 이후 디오니소스는 지하 세계에 있던 어머니 세멜레도 구하고 신으로 승격시킨다. 결국 그녀는 올림푸스에 거주하며 티오네라는 여신으로 살아나게 된다. 이와 같이 디오니소스는 단순한 광기와 술의 신이 아닌 포도 재배로 이어지는 농업, 미술과 음악, 화해, 민중, 효의 신이기도 했다. 디오니소스에 관한 이야기는 이후에도 계속 새로 탄생한다. 그만큼 서양 역사에 있어서 중요한 존재라고 할 수 있다.

9

최초의 약술을 만든
히포크라테스

그리스에는 의학의 신도 있었다. 태양과 예언의 신인 아폴론과 인간 코로니스 사이에서 태어난 아들 아스클레피오스다. 코로니스는 원래 아폴론의 사랑을 받았지만 인간은 신과 달리 늙어 죽는 존재다. 그 사실을 못 견딘 코로니스는 다른 인간 남성과 사랑에 빠졌고, 그와 결혼한다. 아폴론이 감시용으로 보낸 까마귀는 그녀가 부정을 저질렀다는 말만 전했다. 이 말만 들은 아폴론은 분노하여 코로니스를 활로 쏘아 죽여버리고 만다. 문제는 이미 그녀가 아폴론의 아이를 가진 상태였다는 것이다. 뒤늦게 아이가 있었다는 사실을 알게 된 아폴론은 후회하지만, 시간은 되돌릴 수 없었다. 그는 화가 나서 까마귀를 노려보았는데, 태양신의 눈이 너무 뜨거워 까마귀의 흰 깃털이 모두 타버리는 바람에 검은 털을 갖게 되었다고 한다.

아폴론은 화장하고 있던 코로니스의 몸에서 자신의 아들을 꺼낸다. 그가 바로 아스클레피오스다. 히포크라테스 선서문에서 두 번째로 등장하는 신이기도 하다. 의학의 아버지 히포크라테스 선서는 서 아폴론과 아스클레피오스를 차례대로 언급하며 진행한다. 그가 가지고 다니는 지팡이도 유명한데, 지팡이에 뱀이 올라오고 있는 모양이다. 아스클레피오스가 제우스의 번개를 맞아 죽은 바다의 신 글라우코스Glaukos를 치료했을 때, 뱀이 기어 들어왔다. 깜짝 놀란 아스클레피오스는 그 뱀을 지팡이로 쳐서 죽였다. 그런데 또 다른 뱀이 약초를 물고 다가왔고, 그 약초를 글라우코스의 입에 갖다 대니 그가 살아났다고 한다. 그래서 이때 지팡이를 휘감고 있는 뱀의 형상을 자신의 상징으로 삼았다고 한다.

히포크라테스 이전의 의술은 주로 메소포타미아 문명에서 많은 영향을 받았다. 문제는 모든 것을 종교적으로 해석하려고 했다는 것이다. 당시 인간의 질병은 신이 내린 징벌이라고 여겨 소극적으로 대처했다. 또한 치료보다는 종교적인 의식으로 극복하려는 경향이 강했다. 이러한 문화를 바꾸기 시작한 것이 히포크라테스다. 그는 종교·주술과 의술을 분리했으며, 감정은 심장이 아닌 뇌에서 기반한다고 했다. 히포크라테스가 의학의 아버지라고 불리는 이유는 여기에 있다.

또 의사 이전에 선한 인간이 되어야 한다며, 생명을 다루는 의사에게 윤리적인 의무를 강조한다. 이를 통해 의사의 윤리성과 객관성의 중요성이 널리 퍼지게 된다. 이는 현대의 히포크라테스 선서로 이어진다. 그는 먹는 것과 운동이 모든 치료보다 앞선다는 말도 했다. 걷는 것이 가장 좋은 약이며, 우리 안에 있는 자연적인 힘이야말로 진정한 치료제라고 하였다.

히포크라테스,
서양 역사에서 최초로 약술을 만들다

히포크라테스는 기록상 최초로 약주藥酒를 만들었다. 그가 활동한 기원전 4~5세기에 아테네와 스파르타가 그리스 지역의 헤게모니를 놓고 펠로폰네소스 전쟁을 벌였다. 하지만 방어를 주로 했던 아테네는 성안에서 공성전을 진행했는데, 이는 좁고 답답한 성내城內에 민중이 밀집되는 결과를 초래했다. 다치는 사람이 많았으니 전염병의 유행도 우려되는 상황이었다. 그래서 당시 아테네에 있던 의사의 역할이 무엇보다 중요했다. 히포크라테스는 우선 아테네를 전염병이 발생한 지역과 그렇지 않은 곳으로 나누었다. 그는 뜨거운 불이 있는 대장간이 있는 부근에는 전염병이 덜 퍼졌다는 것을 알게 된다. 그래서 그는 소나무에 불을 놓아 도시 전체를 방역했다. 이것은 기록상 최초의 방역이었다. 이러한 방역 문화는 지금의 아로마테라피로 발전하게 된다.

히포크라테스는 외상 치료에는 깨끗한 물과 와인을 사용해 소독을 진행했다. 그리고 와인에 다양한 약재를 넣은 약용 술을 만들었다. 당시에는 증류주가 발명되기 전이라 그나마 도수가 높은 술은 와인이었다. 와인 속 알코올은 수분에 비해 삼투압이 높아 약재의 성분을 잘 녹여냈고, 섭취하게 되면 물보다 체내 흡수가 빨랐다. 동시에 알코올 자체가 이뇨 작용, 해열제의 역할도 했다. 변변한 약이 없었던 당시로는 이것이 최선이었다(물론 지금은 와인으로 소독하면 절대 안 된다). 와인으로 만든 약술은 100년 전까지만 해도 꽤 있었다. 대표적인 것이 콜라다. 미국 남북 전쟁 때 와인에 코카 잎을 넣어 국소마취제로 사용했었다. 이후 여기서 와인은 설탕과 시럽으로 대체하고 코카 잎을 제거하여 지금까지 이어지고 있는 것이다.

히포크라테스의 약술은 1,000년 후에나 있을 증류주 발명에 나비효과를 주게 된다. 당시 그는 인체 구성이 네 가지(혈액, 점액, 황담즙, 흑담즙)로 되어 있다는 사체액설四體液說을 근간으로 인간의 건강 상태를 분석했다. 이 요소들의 균형이 맞으면 건강한 상태이며, 그 반대일 때 몸이 아프다고 생각했다. 이 사상은 그리스의 철학자 엠페도클래스Empedocles가 주장한 사원소설四元素說에서 유래했다. 세상의 모든 물체가 물, 불, 공기, 흙, 네 가지로 구성되어 있다는 내용이다. 히포크라테스는 앞에서 설명한 네 가지 체액의 성질이 온溫, 냉冷, 건乾, 습濕에 맞물려 있다고 설명한다. 18세기까지도 이어진 이 원리는 해부학이 발전하면서 쇠퇴했지만, 질병의 원인을 과학적으로 설명해 보려고 했다는 점에서 현대 의학에서 큰 의미가 있다.

히포크라테스의 사체액설은 아리스토텔레스의 이론을 거쳐 중동 지방으로 전파된다. 그리하여 사원소四元素에 온, 냉, 건, 습을 더해서 물질을 바꾸려는 기술인 연금술의 기원이 되었다. 연금술사들은 술에 열을 가하거나 얼리고, 말리기도 했으며, 습하게도 한다. 이런 실험으로 알코올(78도)과 물의 끓는점(100도) 차이를 알게 되었고, 알코올을 따로 분리하게 되면서 증류주가 탄생하게 된다. 증류주는 위스키, 브랜디, 보드카, 한국의 소주까지 이어진다. 히포크라테스가 증류주의 탄생에 나름 기여한 셈이다.

그가 만든 최초의 약술도 이후 비약적인 발전을 하게 된다. 다양한 허브를 넣은 따뜻한 와인인 프랑스의 '뱅쇼 Vin chaud'와 독일의 '글뤼바인 Glühwein' 문화로 이어진다. 16세기부터는 증류주에 다양한 허브를 넣고 우려내어 마시는 문화가 프랑스 궁정에서 행해진다. 의술이 발전하면서 약술은 점차 약용에서 맛을 즐기고 음미하는 술로 변화해 간다. 이때부터 이러한 약주는 액체 보석, 마시는 향수 등 다양한 별명이 붙었고, 술이 지금의 리큐르 Liqueur로 불리는 계기가 된다. 리큐르의 어원은 라틴어로 '우려내다', '녹이다'라는 리케파세르 Liquefacer다. 결국 우리가 바에서 보는 화려한 리큐르는 히포크라테스에서 시작된 것이다.

10

그리스 문학에서 이어지는 와인 제조법

고대 그리스 단어는 영미의 언어학적 요소에 엄청난 영향을 미쳤다. 함께Sym 와인을 마신다pino는 의미가 합쳐진 심포지엄Sympo-sium, 함께 연주한다는 Sympony, 함께 공감한다는 Sympathy를 비롯한 단어를 보면 알 수 있다. 이러한 고대 그리스에는 두 명의 어마어마한 문호가 있었다. 호메로스와 헤시오도스다. 호메로스의 대표작은 《일리아드》와 《오디세이》다. 《일리아드》는 트로이 전쟁에 대한 이야기이며, 《오디세이》는 트로이 전쟁에서 활약한 오디세우스가 전쟁이 끝난 후 집으로 돌아가는 10년간의 여정을 담은 내용이다.

다만 호메로스가 정말로 실존했는지에 관한 부분에는 학자마다 의견이 다르다. 《오디세이》와 《일리아드》를 보면 앞서 죽은 영웅이 또 전사하는 등 한 사람이 썼다고 하기에는 모순점이 발견되기 때문이다. 짧은 시를 바탕으로 구전되어 오던 이야기를 후대에 문자화했다는 주장도 있다. 다만 최근에는 다시 존재했다고 보는 경향이 높다. 현존하는 인물인지에 관한 논란이 있는 호메로스에 비해 헤시오도스는 확실히 존재했던 인물로 여겨진다. 대표작인 《일과 날》에는 농경 기술과 노동의 신성함이 서술되어 있다. 또 다른 책 《신통기》에는 카오스에서 가이아, 타이탄, 제우스가 어떻게 탄생하게 되었는지에 관한 신들의 계보가 쓰여 있다. 헤로도토스는 호메로스와 헤시오도스 두 사람이 그리스인들에게 신을 만들어 주었다고 말했다.

영웅적 성향의 호메로스, 인간적 성향의 헤시오도스

두 사람이 쓴 책을 보면 분명 다른 점이 있다. 호메로스가 귀족과 영웅 중심의 화려한 부분을 기록한 스타일(이오니아파)이라면, 헤시오도스는 인간 중심의 종교적, 교훈적, 실용적인 면(보이오티아파)을 강조했다. 《일과 날》에는 그 유명한 판도라의 항아리(판도라의 상자는 《우신예찬》을 쓴 에라스뮈스의 오역)가 나온다. 여기서 판도라는 여성의 시초가 된다. 이 책이 특별한 이유는 노동의 가치를 잘 설명하기 때문이다. 본문에서 헤시오도스는 인간의 모든 것이며, 일하는 자만이 성취할 수 있다고 전한다. 노동은 결코 창피한 것이 아니며, 일하지 않는 것이 창피한 것이라고 했다. 재화 역시 무리하게 취하는 것이 아니라고 설명한다. 흥미로운 것은 여기서 농업력과 포도, 그리고 와인에 대한 이야기가 나온다는 것이다. 그는 별자리를 보고 와인을 만들라고 이야기한다.

그는 2월에 목동자리에서 가장 빛나는 별인 아쿠투로스가 저녁에 뜨는 날 포도나무 가지치기를 해야 한다고 한다. 시리우스와 오리온이 중천에 오르고 장미 손가락을 지난 오로라가 아쿠투로스를 볼 수 있을 때, 포도를 수확해야 한다고 했다. 포도 수확 후에는 열흘 밤낮 동안 햇볕에 내놓고, 닷새 동안 그늘에 두어야 하며, 여섯 번째 날에 기쁨이 가득한 디오니소스의 선물을 길어서 단지에 넣어야 한다고 설명한다. 밤하늘의 별을 보고 날씨를 알아내고, 그것으로 하늘의 기운을 느끼고자 하는 농법은 이후 3,000년 가까이 지속된다.

농업력이라는 달력에 맞춰 만드는 와인

별자리를 통한 농법은 현재까지도 여전히 이어지고 있다. 이러한 분야는 와인 농법에 적용된다. 바로 비오디나미 Biodynamie 와인 농법이다. 비오디나미 농법은 1920년 독일계 인지과학자 루돌프 슈타이너에 의해 제창된 유기농 자연 농법의 일종으로, 순환형 농업이라고 할 수 있다. 일반적인 유기농법은 생산물이 유기적이기만 하면 충분하다. 하지만 이 방식은 생산 시스템 자체가 생명체라고 여겨 단순히 열매만 유기적인 것이 아니라 모든 주변의 환경조차 자연주의를 따른다. 비오디나미 농법은 농업력이라는 달력에 맞춰 진행한다. 달의 인력이 강한 만월 때는 수확은 해도 와인 병입은 하지 않는다. 식물은 움직이지 못하더라도 별의 움직임을 보고 준비하기에 그에 맞춰야 한다는 것이다. 대표적인 시기는 천체의 구성에 맞춰 다음과 같은 4개의 날로 구성된다.

> 뿌리의 날: 땅의 속성을 가진 염소자리, 황소자리, 처녀자리의 별
> 꽃의 날: 공기의 속성인 쌍둥이자리, 천칭자리, 물병자리의 별
> 잎의 날: 물의 속성을 가진 게자리, 물고기자리, 전갈자리의 별
> 과실의 날: 불의 속성을 가진 양자리, 사수자리, 사자자리의 별

과실의 날에는 농사를 시작하여 뿌리의 날에 가지치기를 하고, 꽃의 날에는 쉬고, 잎의 날에는 밭에 물을 주는 식으로 진행한다. 이러한 달력은 와인을 마시는 날에도 적용된다. 기본적으로 뿌리, 잎의 날에는 와인을 마시기에 적합하지 않다고 한다. 뿌리의 날에는 와인 맛에서 흙의 맛이 강하게 느껴지며, 잎의 날은 물이 와인 맛을 흐리게 만들기 때문이다. 이러한 뿌리, 꽃, 잎, 과실로 나눈 것은 그리스 철학의 사원소설에서 비롯되었으며 세상의 모든 만물을 고려했다고 할 수 있다. 말하자면 비오디나미 농법은 토양과 식물, 동물의 상호작용에 우주의 힘까지 불러 농작물 생육에 이용한 것이다.

비오디나미 농법은 프레파라숀Preparation 이라고 불리는 비료를 사용한다. 토양, 식물, 동물이 상호작용하며 조화를 이루고 영양이 순환되도록 농약이나 화학비료를 사용하지 않는다. 이러한 관점에서 소의 뿔과 분료를 사용해 손수 만들거나, 포도의 병충해에도 허브를 추출한 액을 뿌리거나 한다. 2013년 기준, 세계적으로 약 700개의 양조장의 10,000ha 포도밭이 비오디나미 와인으로 인증되어 있으며, 이 수는 증가하고 있다. 더욱 고급 와인을 만들려고 하는

것이다. 프랑스 인증을 받기 위해서는 3년 3개월에 거친 조사와 교육을 받아야 한다.

[11]

로마 와인의 핵심은
그리스와 카르타고

알렉산더 대왕의 정복 전쟁으로 한때 북인도까지 통합한 그리스의 마케도니아 왕국은 점점 분열되고 몰락하여 기원전 142년 로마에 복속된다. 이에 그리스의 와인 문화는 자연스럽게 로마로 이어진다. 실제로 이 시기는 카르타고가 로마에 복속된 시기와 유사하다. 로마 제국이 서북으로 확장되면서 현재 프랑스 지역인 갈리아 등 내륙 지방에도 물을 타서 마시는 와인 문화가 생긴다. 당시 와인은 포도 과즙이 농축되어 단맛이 강한 편이었다. 현재는 위스키나 증류주를 마실 때 알코올 도수를 낮추거나, 마시기 편하게 하기 위해 물을 섞는다. 이때는 사람들이 와인을 술이라기보다는 음료라고 인식했고, 와인의 단맛을 줄이려 물을 섞었다. 경수가 많은 유럽의 경우, 물 자체가 맛이 없어서 마시기 편하게 와인을 넣기도 했다.

로마의 와인 문화에 더욱 불을 붙인 것은 그들의 영원한 적수이자 한니발의 모국인 카르타고였다. 이 때 단순히 문화만 전파된 것이 아니라 제조 메뉴얼이 강제적으로 전수된다. 카르타고는 페니키아의 식민지이기도 했는데, 기원전 500년경에 카르타고의 농업학자 마고가 포도 재배 및 와인 만들기에 관한 내용을 28권의 서적으로 기록한다. 카르타고는 기원전 264년~146년, 120년 동안 로마와 포에니 전쟁을 벌이게 된다. 3차 포에니 전쟁 이후 카르타고가 로마에 의해 멸망하여 이 책은 로마로 넘어가게 된다. 제2차 포에니 전쟁에서 활약하고, 결과적으로 제3차 포에니 전쟁을 유발한 로마 정치가 카토가 그의 저서에서 "포도 재배는 이제 생계가 아니라 이윤을 위한 수단이 되었다."라고 설명할 정도였다. 해당 기술법은 이베리아 반도 등 전 세계로 퍼진다. 참고로 포에니 Poeni라는 말은 라틴어 Poenicus에서 나왔는데, 이는 페니키아인이라는 뜻이다. 즉 포에니 전쟁은 페니키아인과의 전쟁이라는 의미다.

로마에서 꽃피운 포도 제조와 와인

포도 재배와 와인 만들기는 로마에 의해 더욱 발전한다. 로마의 작가인 콜르메라는 서기 65년 마고의 책을 바탕으로 로마의 포도 재배에 대해 상세한 기록을 《농업론》이라는 12권의 서적에 정리했다. 대표적인 것이 포도나무 사이의 알맞은 간격과 와인 종류에 따른 적합한 생산지, 포도 농사에 필요한 일꾼의 수, 그리고 버팀목 세우는 방법 등이다. 로마 제국의 영토가 서유럽으로 확대되면서 로마의 포도 재배 지역도 늘어났다. 현재 세계 와인 생산 지역으로 유명한 스페인의 리호아, 독일의 모젤, 프랑스의 보르도와 부르고뉴, 론 지방에서도 포도 재배가 시작되었다. 로마의 포도 재배 농가는 경사면에 포도 재배하는 것을 이상적으로 생각했는데, 차가운 공기가 사면을 타고 내려온 후, 협곡 아래에서 머물기 때문이다. 차가운 공기는 포도 재배에 좋은 영향도 주지만, 과하면 포도의 광합성에 필요한 온도를 빼앗는 등 동절기의 서리 피해로 이어진다.

3세기 전후로 로마에서는 오크통에 와인을 담는 기술이 생기게 된다. 도자기로 만든 항아리는 너무 무겁고 잘 깨졌기 때문이다. 오크통의 경우는 목재로 만든 만큼 가벼워 보관이 용이했고, 나무의 맛이 와인 속에 배어 맛이 더 풍부해졌다. 이때부터 현대의 와인 제조 기술이 하나씩 적립되어 간다. 중세 유럽에서 포도의 재배와 와인의 양조를 주도한 곳은 기독교의 수도원이었다. 예수 그리스도가 와인을 자신의 피라고 호칭했기에 기독교의 성찬식에 중요한 도구로 사용된 것이다. 다만 와인을 마시는 의식과 별개로, 과음하는 것은 죄로서 처벌 받았다. 중세 후기에 와서야 와인이 일상의 음료가 되었다.

일본에서도 15,000년 전의 항아리에서 포도 씨가 발견되었고, 중국의 경우 세계 4대 문명이라는 황하강 유역에서 9,000년 전에 술을 빚었다는 주장이 나오고 있다. 앞서 이야기한 내용은 어디까지나 서양 와인의 역사다. 개인적으로 동양과 서양 중 누가 더 빠른가에 관한 것은 중요한 부분은 아니다. 어차피 인간은 술을 저장성 좋은 음료로 사용해 왔고, 본질적인 술의 역사는 농경 생활의 시작과 함께 시작했기 때문이다. 결국 술은 인류의 역사와 함께하고 있다.

12

기독교를 핍박한 로마 황제,
와인의 질을 높이다?

　　로마가 이룩한 업적은 대단하다. 로마법에 기본을 두고 있는 서양의 법률부터 학술적 용어로 뿌리 깊게 박힌 라틴어, 그들이 만든 로마로 통하는 길, 공화정, 군사 체계, 건축물까지 이루 말할 수 없다. 신성 로마 제국이라는 이름으로 1806년까지 그 존재가 이어졌으며, 지금도 서유럽은 물론 동유럽을 방문해도 로마의 흔적이 없는 곳은 보기 어려울 정도다. 그중에서도 가장 큰 영향을 끼친 사건이 있다면 바로 기독교의 전파다. 서기 313년, 서로마 황제인 콘스탄티누스 1세가 밀라노 칙령으로 기독교에 대한 관용을 선포한 것이다.

　　기독교에 대한 박해는 제정 시대에 돌입하면서 시작되었다. 이른바 팍스 로마나Pax Romana, 로마의 평화로 불리는 200년간의 전성기다. 초기 로마는 로마 제국 영내에 퍼진 기독교에 대해 매우 관용적이었고 금지도 하지 않았다. 대표적인 것이 바로 유대교다. 유대인은 창조자인 야훼를 유일신으로 신봉하고 그들이 신에게 선택받은 민족이라고 생각했다. 대신 유대인은 로마와 타협을 했다. 로마의 신을 받아들이지 않는 대신에 황제를 위해 기도하고, 황제의 주권을 받아들이겠다고 했다. 이러한 부분은 세금을 통해서도 해결했다. 유대인세라는 특별한 세금 제도를 만든 것이다. 그와 동시에 유대교는 친로마 정책을 추진했고, 로마 제국도 유대교를 합법 종교로 인정했다.

다만 기독교는 달랐다. 예수는 하느님의 나라를 건설할 것을 주장했고, 모두가 평등하다는 것을 피력했다. 더불어 모두가 구원받을 수 있다고도 말했다. 예수를 믿는 사람은 점차 늘어났고, 황제를 신성하게 여기는 로마와 갈등할 수밖에 없었다. 게다가 로마의 신들을 위한 제물을 거부했기에 서서히 인식이 나빠지기 시작했다. 성찬식이라는 예식에서 그리스도의 피와 살을 상징하는 와인과 빵을 먹는 행위가 인육을 먹고 있다는 오해를 부르기도 했다. 박해와 용인이 거듭되는 상황이 이어지다가, 네로 황제와 디오클레티아누스 황제 때 박해가 심해졌다.

제정 후기가 되자 황제 숭배가 강요되었고, 기독교인들은 살인을 하지 말라는 교리를 앞세워 전투 참가와 병역에 관한 의무를 거부했다. 이는 로마의 군사력 약화로 이어졌고, 계속된 주변 국가의 침입에 제대로 대응하지 못하는 결과로 이어졌다. 이러한 이유들로 기독교인에 대한 대대적인 탄압이 시작됐다.

격렬한 박해와 순교가 거듭되었다. 하지만 이러한 상황에도 로마령의 하층민을 중심으로 지하 묘소인 카타콤베 등에 숨어 지내면서 신앙을 지키는 신도들이 늘어났다. 탄압을 이어간 동방 정제 갈레리우스는 서기 311년, 탄압을 멈추고 관용을 발포했다. 이것에 이어 서방 정제 콘스탄티누스 1세가 제국 통치에 활용하기 위한 의도로 밀라노 칙령을 발포했다. 이어서 제1 니케아 공의회를 개최하며 기독교의 정체성을 정립해 나갔다. 그리고 이를 통해 조지아, 아르메니아 등이 기독교를 국교로 선포한다. 몰수된 교회 소유의 재산이 반환되었고, 이것에 대한 국가의 보상도 정해졌다.

테오도시우스 1세는 380년 테살로니카 칙령으로 기독교를 제국의 국교로 삼았으며, 392년에는 로마 제국 전역에서 기독교를 국교로 채택하였다. 기독교 이외에 모든 종교를 금지하라는 칙령을 내린 것이다. 당시 로마 내의 기독교인이 약 80% 정도까지 증가해 그들의 정치적 영향력을 고려하여 내린 결정이었다. 로마 제국의 상당수가 기독교 신자였기에 이들을 잘 관리하여 외세의 침략을 대비해야 로마 제국이 안정될 것으로 본 것이다. 서기 375년 훈족이 흑해 북부에 출현했고, 동고트족을 침략한 후 서진을 거듭해 로마 제국 영내를 침략하게 되었다. 로마 황제는 이러한 이민족에게 대항하기 위해 신자가 여러 민족으로 구성된 기독교를 적극 활용했다. 기독교를 국가에서 인정해 줌으로써 내부 결속을 다질 수 있었던 것이다.

와인 보호 무역과 도미티아누스 황제

기독교를 박해한 이들 중 와인과 밀접한 연관이 있는 황제가 있다. 네로 황제 다음 즉위한 도미티아누스다. 그가 기독교인을 탄압한 이유는 황제의 우상화에 반대했기 때문이었다. 그는 고대 그리스 경기를 본떠 4년마다 1번씩 경기를 주관했다. 경기 때는 그리스풍의 옷과 금관을 착용했으며, 심판들은 여러 신으로 둘러싸인 도미티아누스의 초상이 새긴 관을 썼다. 또한 자신을 주님이자 하느님이라고 부르게 했다. 기독교인들은 자신들의 교리에 어긋나는 도미티아누스의 황제 우상화에 반대했다.

당시 기독교 탄압으로 희생당한 인물 중에서는 황제의 조카도 있었다. 황제 누나의 딸인 플라비아 부부에게는 두 아들이 있었는데, 도미티아누스는 그들을 양자로 입적했다. 플라비아 부부가 기독교를 받아들였고, 그로 인해 고발을 당했다는 것이 문제였다. 그에게 있어 왕족이 기독교 신자가 되는 것은 용납할 수 없는 일이었다. 그는 조카의 남편에게 신앙을 포기하도록 했으나 완강하게 거절당한다. 조카의 남편은 결국 사형을 당했으며, 조카는 유배를 떠나게 된다. 도미티아누스는 조카 줄리아(형 티투스 황제의 딸)를 임신시키는데, 이 일로 도미티아누스의 아내는 황제를 죽이는 데 적극 가담하게 된다. 결국 96년, 그녀는 근위대장과 함께 남편인 도미티아누스 황제를 암살한다. 원로원에서는 황제의 죽음을 반겼다. 도미티아누스는 당시 신경과민 등에 시달려 주변인물을 처형하거나 귀향을 보내는 등 공포 정치를 시행했기 때문이다.

흥미로운 것은 이러한 도미티아누스 황제가 주류 최초의 보호무역을 시행했다는 것이다. 그것도 와인에 대해서다. 기원 1세기 초의 로마에는 이미 100만 명이 로마와 그 주변 지역에서 생활하고 있었다. 그에 따라 그들이 마셔야 할 와인도 늘어나며 와이너리 역시 많아졌다. 무려 매년 1억 8천만 L의 와인이 필요했다. 인구수에 비교하면 한 사람당 하루에 0.5L는 마셨다는 수치이다. 그런데 79년에 갑자기 나폴리 인근의 베수비오 화산이 폭발하게 된다. 이 폭발로 화산 근처에 있던 고대 로마의 도시 폼페이가 한순간에 사라진다. 이 사건은 와인 수요를 더욱 부채질한다. 2년치 와인이 한꺼번에 사라졌기 때문이다. 결국 로마로 공급되는 와인도 부족해졌고, 모두가 포도 재배와 와인 제조에 뛰어들게 된다. 이로 인해 결국 이탈리아의 와인 가격이 폭락했다.

포도 재배가 과열되면서 와인이 과잉 생산되고 보리가 부족해졌으며, 농경지가 버려진다. 이에 도미티아누스 황제는 92년에 칙령을 발포하여 이탈리아에 새로운 와이너리를 만드는 것을 금지했다. 속주인 갈리아 지방에도 반 이상은 없애버리라고 지시했다. 이러한 도미티아누스의 칙령에는 몇 가지 배경이 있었다고 보여진다.

첫 번째는 로마산 와인을 보호하고, 프랑스산(갈리아) 와인에 대항하기 위해서였다. 로마의 발전된 도로는 와인의 유통을 더욱 활발하게 했다. 이렇다 보니 현지에서 와인을 만들던 곳이 오히려 경쟁에서 밀리는 상황이었다. 도미티아누스 황제는 이러한 부분을 타개하려고 한 것으로 보인다. 두 번째는 질이 낮은 와인을 시장에서 배제하려는 이유였다. 폼페이가 사라진 이후 로마에는 와인 부족 현상이 일어났다. 그래서 갑작스럽게 신규 와이너리가 대량으로 생겼으나 그 품질이 높지 않아 수출하기보다는 현지에서 소비해야 하는 상황이었다. 이러한 와인이 민중에게 보급된다면 시장에 저급 와인이 넘치게 되고, 가격이 하락하는 상황이 오게 된다.

다만 이러한 조치가 당초의 논의대로 진행되었는지는 평가가 엇갈린다. 멀리 있는 갈리아의 포도밭까지 관리가 가능했는지에 관한 문제 탓이다. 하지만 프랑스 경제 칼럼니스트 브누아 시마는 이러한 조치로 오히려 갈리아의 와인 산업이 더욱 발전했다고도 말한다. 포도나무를 솎아내다 보니 기존의 포도밭은 밀이나 보리밭이 되었고, 포도나무는 산기슭으로 옮겨졌다. 바뀐 환경에서 오히려 포도나무의 일조량이 늘어 포도의 질이 좋아져 지금의 프랑스 포도밭의 확대를 일궈냈다는 것이다. 도미티아누스 황제의 금지령은 서기 280년, 프로부스 황제에 의해 폐기되고 만다. 기독교를 탄압한 황제가 기독교의 상징인 와인 역사에 족적을 남겼다는 것은 무척 아이러니한 일이다.

13

프랑스가
와인의 중심지가 된 이유

현재 세계에서 가장 비싼 와인은 병당 수천만 원을 가볍게 호가하는 로마네 꽁티Romanée-Conti다. 이 와인은 프랑스 정부가 지정한 특급 밭이 가장 많은 부르고뉴 지역에서 만들어진다. 포도 재배 면적 자체는 보르도가 더 넓지만, 작은 면적의 여러 특급 밭을 보유했다. 부르고뉴 지역에서는 수제로 수량을 한정하여 제작해 가치를 더욱 높이고 있으며, 최고가 레드 와인과 화이트 와인을 만들고 있다. 이곳에는 와인을 만드는 포도 품종에도 기준이 있다. 레드 와인은 피노누아, 화이트 와인은 샤르도네 중심으로 만든다. 이러한 품종의 단순함이 스토리가 되어 오히려 고급 브랜드라는 이미지를 형성하고 있다고 보인다.

수도사들이 포도 재배와
와인 제조 기술을 가지고 있었던 이유

와인이 꾸준히 발전할 수 있었던 이유에는 기독교의 포교 활동도 있었지만, 로마 제국의 황제와 기독교의 로마 교황이 이중구조적으로 그 역할을 분담했던 것이 크다. 로마 황제는 민중 지배를 목적으로 세속적 권력을 행사하고, 교황은 신앙을 목적으로 교권을 행사했다. 로마에는 황제의 지배 아래 국왕, 제후, 영주의 3계층이 존재했고, 영토를 통치했다. 교황의 아래에는 주교, 사제, 부제 등의 3성직이 존재하며, 각지의 교회(수도원, 수도회)를 통해 민중의 신앙을 지원하고 있었다. 이러한 구조는 476년 로마 제국이 멸망하고 프랑크 왕국이 성립된 이후에도 기독교가 살아남아 프랑스 내에 교회가 존속할 수 있게 했다.

당시 영지는 중세 시대의 대표적인 제도인 장원 제도에 의해 통치되었다. 장원 제도는 농노가 영주로부터 신변 보호를 받는 동시에 토지 이용권을 인정받는 제도로, 영주는 농민으로부터 세금을 받아 자신의 생활을 지켰고, 농민은 식량을 확보하기 위해 밭을 갈았다. 토지가 생산의 기본 단위가 되고 봉건제의 사회를 지탱한 것이다. 문제는 농업 기술이었다. 갈리아 지역의 게르만인은 농업 기술에 관한 지식이 부족했는데, 이 기술을 알고 있던 이들이 바로 라틴어를 읽고 해독할 수 있는 주교와 수도사들이었다. 수도사들은 포교와 함께 농경 생활에 필수적인 농업 기술을 전달하기 시작했다. 그러면서도 자잘한 전쟁과 전투가 끊이지 않았다. 부의 원천인 좋은 땅을 가져야만 했기 때문이다. 영주들이 서로 지속적으로 전쟁을 벌이는 동안 농민은 토지를 바치고 보호를 받는 농노로 전락해 버렸다.

교회도 포교 활동과 더불어 좋은 토지를 찾아 나섰다. 이곳 역시 로마 교황청과 제후에게 세금을 납부해야 했기 때문이다. 다른 일에 비해 포도 재배 및 와인의 제조는 큰 수입을 얻을 수 있어 포도 재배를 중점적으로 진행한다. 이로 인해 수도원이 포도 재배의 중요한 역할을 하게 된다. 하지만 수도원이 부를 쌓으면 쌓을수록 이들은 도적들과 영주들이 노리는 타겟이 되었다. 실제로 많은 수도원과 교회가 습격을 당해 와인이나 다양한 귀중품을 강탈당하는 일이 잦았다. 이러한 이유로 수도원을 높은 벽으로 둘러 쌓아야 했다. 당시 수도원이 확립한 비즈니스 모델은 간단했다. 토지를 임대하여 임대료를 받거나, 혹은 농민에게 임대한 토지에서 얻은 포도로 와인을 만들어 부를 확대한다. 토지를 베이스로 한 자산 운용 방식인 만큼 좋은 땅을 고르는 것이 중요한 건 그때나 지금이나 마찬가지였다. 이 과정에서 수도원이 중심이 된 대표적인 와인 산지가 바로 부르고뉴였다. 그때부터 부르고뉴는 수제의 가치를 담아 최고가 와인들을 만들어 내기 시작한다.

교회와 수도원은 포교 범위를 넓히며 포도 재배를 통해 와인 만들기에 힘썼다. 교황과 세속 군주는 결탁을 통해 기독교 세력을 넓혀갔다. 때로는 이슬람 세력을 막기도 했으며, 침략을 단행하기도 했다. 732년, 이슬람 제국의 우마이야 왕조가 북아프리카를 거쳐 스페인을 통과해 피레네 산맥을 넘어 프랑스 내부로 침공한다. 이때 혜성같이 등장해서 이슬람 세력을 막아 준 것이 바로 프랑크 왕국이었다. 카롤루스 마르텔이 이끄는 프랑크 군은 투루-푸아티에 전투에서 이슬람 군대에 승리를 거둔다. 만약 막지 못했다면 이탈리아와 가까운 마르세이유 및 리옹도 빼앗겨 로마 교황청도 위험할 뻔한 아찔한 상황이었다.

로마 교황이 맞이한 두 가지 숙제

당시 로마 교황청에는 또 다른 위협이 있었다. 바로 고대 게르만족이다. 아직 기독교로 개종하지 않거나 교황과 종파가 달랐던 이들은 지중해 및 서유럽 각지에 왕국을 세우고 있었다. 이러한 상황에서 스테파노 2세가 제92대 교황으로 즉위한다. 당시 로마 북쪽에는 게르만족 중 하나인 랑고바르드족이 동로마 제국의 영토인 라벤나 총독부를 점령해 로마에 압력을 가했다. 라벤나 총독부는 584년 마우리키우스 황제에 의해 창설되어 이탈리아의 동로마 제국 영토를 통치한 총독부다. 아프리카 총독부와 함께 동로마 제국의 서방 영토를 관리했다. 동로마 제국의 전성기를 이끈 유스티아누스 1세가 서방 영토를 재정복했고, 옛 로마 제국의 영토를 상당 부분 회복했기 때문이다. 그러한 재정복 이후 효과적인 관리를 위해 설립한 곳이 라벤나 총독부였다. 라벤나는 역사적으로도 의미가 깊은 도시인데, 게르만 용병인 오도아케르에 의해 멸명한 서로마 제국의 수도이기도 했으며, 아드리아 해로 이어지는 교통의 요지이기도 했다.

교황으로 즉위한 스테파노 2세는 두 가지 숙제를 풀어야 했다. 하나는 랑고바르드족 침입을 막는 것, 또 하나는 동로마 제국의 간섭에서 벗어나는 것이었다. 그의 전임 교황인 자카리아의 시대만 하더라도 교황이 선출 소식을 동로마 황제에게 보고하고, 선출 승인

통보를 받아야 했다. 8세기 중반부터 로마 교황과 동로마 제국 황제는 성상 파괴 운동을 중심으로 치열하게 대립했다. 동로마 제국에서는 성상을 우상 숭배라고 보는 인식이 있었기 때문이다. 하지만 성상 등을 통해 게르만족에 대한 포교 활동을 적극적으로 이어온 로마 교황측은 당연히 반대할 수밖에 없었다.

　여기서 중요한 것은 동로마 제국의 영향력이 계속 약해지고 있었다는 것이다. 남쪽으로는 이슬람의 아바스 왕조, 북서쪽으로는 튀르크 계열인 불가르족에게 포위당해 있었고 751년 랑고바르드족의 침입으로 라벤나 총독부가 점령당한다. 이 사건으로 로마 교황은 더 이상 동로마 제국에게 군사적 원조를 기대할 수 없게 되었다. 이때 새롭게 즉위한 교황 스테파노 2세가 주목한 것은 751년 프랑크 왕국의 새로운 군주가 되어 카롤링거 왕조를 연 피핀 3세였다. 피핀은 이슬람 군대를 투르푸아티에 전투에서 격퇴했고, 서방의 기독교 세력을 지켜 준 카롤루스 마르텔의 아들이다. 그는 프랑크 왕국 메로빙거 왕조의 이름뿐인 왕이던 힐데리히 3세를 축출하고, 프랑크 왕국의 왕이 되었다. 역성혁명이 성공한 것이다. 이것을 인정해 준 교황이 스테파노 2세의 전임 교황인 자카리아였다.

　스테파노 2세는 랑고바르드 왕국의 위협을 피하기 위해 중립을 선언한 후 비밀리에 피핀에게 도움을 요청한다. 이에 피핀은 랑고바르드족의 위협으로부터 교회를 수호하겠다는 서약을 한다. 754년과 756년에 걸쳐 직접 알프스 산맥을 넘어 랑고바르드족이 점령한 이탈리아 반도 중부를 되찾고 이를 교황에게 기증한다. 이것이 최초의 교황령이라고 불리는 지역이다. 이로 인해 교황은 이탈리아 서부인 티레니아 해에서부터 동부인 아드리아 해에 이르기까지 이탈리아

중부의 광활한 영토의 통치자가 되었다. 또한 처음으로 교황의 현세적 주권이 인정되었다.

교황령이 최종 확정된 시점은 756년이다. 아버지 피핀 3세의 사망으로 왕위를 계승한 샤를마뉴는 교황이 속계의 주권자로서 다스릴 수 있는 영토의 범위를 성문화했다. 로마 교황을 외부 세력으로부터 지키고, 교황령 성립을 도와준 것은 이러한 카롤루스 마르텔, 피핀, 샤를마뉴로 이어지는 카롤링거 왕조였다. 이로써 카롤링거 왕조는 로마 교황과 가톨릭을 지키는 수호자 역할을 하게 된다. 기독교가 발달하니 와인이 발달하는 것은 당연한 이치였다.

14

와인,
수도원으로 흘러가다

카롤루스 마르텔은 이슬람 세력을 몰아내고, 피핀 3세는 로마 교황에게 교황령을 기증했다. 하지만 끝판왕은 그의 손자이자 유럽의 아버지라고 불리는 샤를마뉴다. 프랑스어로 '샤를 대제'를 뜻하는 이 이름은 독일에서는 카를 대제로 불린다. 그의 생전에는 라틴어로 카롤루스 대제로 표기되었다. 영어로는 보통 프랑스를 따라 샤를마뉴라고 부르지만, 찰스 대제라고도 한다. 다양하고도 대단한 이름에서 알 수 있듯이 그가 유럽 역사에 미친 영향은 어마어마했다. 그는 프랑크 왕국을 동로마 제국과 비등한 나라로 키워냈으며, 지금의 프랑스, 이탈리아, 독일, 베네룩스 3국 등 서유럽의 주요 국가들이 그에게서 기원한 것으로 본다. 그래서 그가 속한 카롤링거 왕조의 직계가 끊어지자 모계로 이어지는 카페·발루아·부르봉·오를레앙 왕조 등 샤를마뉴를 중요한 선조의 역사로써 다뤘다. 무엇보다 고대 로마·가톨릭·게르만 문화의 융합을 구현했다. 중세 유럽이 가진 기독교 국가 체계의 발판을 만든 것이다.

46년간의 통치 기간 중 53회의 군사 원정을 한 것을 보면 그가 얼마나 정복 전쟁에 열을 올렸는지 알 수 있다. 그는 전쟁으로 영토를 두 배로 넓혔다. 또한 게르마니아 토착 민족들을 가톨릭 기독교로 개종시켜 나간다. 그는 기독교 입장에서는 영웅이었지만, 한편으로는 정복자이자 학살자이기도 했다. 이러한 부분은 근대에 들어와 그를 재평가하게 되는 계기가 된다.

피핀 3세의 사후, 이탈리아 랑고바르드 왕국의 왕 데시데리우스는 자신의 딸 데시데라타 공주와 샤를마뉴의 혼사로 프랑크 왕국의 위협을 없애고 로마 교황에 강력한 영향력을 행사하려고 했다. 하지만 그의 뜻대로 진행되지는 않았다. 770년에 두 사람의 결혼은 성사되었지만, 교황청의 견제로 인해 1년 후 이혼을 하게 된다. 그리고 데시데리우스가 로마를 공격하고, 773년에 교황 하드리아노 1세가 샤를마뉴에게 원군을 요청하자 그는 결국 데시데리우스와 전쟁을 벌이기로 한다. 샤를마뉴는 알프스 산맥을 넘어 774년에는 수도인 파비아를 점령했으며, 데시데리우스를 포로로 잡는다. 그리고 랑고바르드의 왕이 되면서 로마 교황령의 수호자가 된다. 이전에 빼앗겼던 라벤나 총독부 지역은 교황에게 기증한다.

772년에는 독일 북부의 게르만족인 작센족과 전쟁을 벌였다. 이슬람 세력인 후後 우마이아 왕조에게 압박을 받던 이베리아 반도 북부 지역에서 구원을 요청하자, 세력을 확대하고자 이베리아 반도로 원정을 떠난다. 스페인 사라고사Saragossa의 무슬림 세력을 제압

하고, 피레네 산맥을 넘어갈 때쯤 바스크인의 기습을 받아 패배하기도 한다. 북쪽의 프리스족과 싸우고, 서쪽으로는 브레타뉴 지방을 진압했으며, 동쪽으로는 도나우강 상류의 바이에른족을 정복한다. 791년에는 도나우강 중류의 슬라브족과 지금의 헝가리 지역 판노니아 평원의 유목민인 아바르족을 토벌하기도 한다. 여기에 사라센Saracen 해적들이 코르시카와 사르디니아를 침략했는데, 그는 바그다드로 사자를 보내 침략을 중단하게 하여 797년 협정을 체결한다. 결과적으로 게르만족, 무어인, 튀르키예족까지 지금의 서유럽은 물론 동유럽의 상당 부분까지 그의 영향 아래 들어가게 된다. 영토가 넓어진 것 이상으로 중요한 지점은 유럽 문명권의 바깥에 있었던 게르만족의 상당수가 유럽에 포함됐다는 점이다. 그것은 이후 유럽 역사에 중대한 전환점이 된다.

이렇게 정복한 각지에는 교회와 수도원을 세웠으며 로마의 학문, 라틴어를 연구하게 했다. 프랑크 왕국 국내의 교회에서는 로마식의 예식을 채용했으며, 중요한 관직에는 성직자를 붙여 십일조 납입을 철저하게 하였다. 또 주민을 카톨릭교도로 개종시켜 프랑크화도 진행했다. 한편, 샤를마뉴는 정복지에 각 지방관을 파견했다. 지방관을 파견할 수 없는 지역은 백작, 후작, 주교 등에게 통치권을 일임했고, 지방 귀족과 궁정의 관계는 샤를마뉴의 명령에 따라 각지를 돌아다니는 사절들을 통해 유지되었다. 왕의 사절단은 대개 2~3명이 한 조를 이루었는데, 관리와 고위 성직자로 이루어지는 경우가 많았다. 그들을 통해 왕의 명령을 글로써 포고하였다.

이러한 제도의 평준화가 이뤄졌으며, 가신들은 카롤링거 왕조의 붕괴 후에도 세력을 지켜가며 중세 귀족·왕족으로 권력을 휘두르게 된다. 이 과정에서 프랑크 왕국의 중앙집권화가 시도된다. 주교들의 통치권 행사로 인해 기독교가 더욱 깊이 파고들 수 있었으며, 유럽 각지의 수도원에서 더욱 많은 와인을 필요로 하는 계기를 마련한다. 넓은 땅에 수도원이 세워졌고, 포도밭이 만들어졌으며, 수도사가 중심이 되어 와인을 만들게 되었다.

수많은 제후들은 수도원에 포도밭을 기증한다. 수도사는 기존의 수도원에서 나와 또 다른 지역에 수도원을 건립하고, 포도를 재배하며 와인을 제조했다. 이로 인해 포도 재배와 농업 기술도 확산되어 갔다. 기독교의 미사에서는 와인은 빠뜨릴 수 없었기에 샤를마뉴가 통치하던 시절에는 수도원에서의 와인 양조가 의무화되었다. 게다가 중세 시대 수도원은 순례자의 숙박 장소였다. 물론 가난한 사람이나 아픈 사람을 받아들이는 장소기도 했기에 그들을 환대하기 위해서도 와인이 필요했다. 수도원의 자급자족을 위해 샤를마뉴는 수도원에서 와인은 물론 맥주 양조도 의무화시킨다. 각 영주는 맥주 양조장을 각 장원에 설치해야만 했다. 이 조치로 와인보다 낮던 맥주의 지위가 향상되었다. 수도원에서는 순례자·단식 수도자에게 영양 공급을 위해 맥주를 사용하기 시작한다. 이는 액체빵Liquid bread이라고 불렸다. 샤를마뉴는 맥주 양조장을 정비함과 동시에 포도원의 재정비, 와인의 양조에도 힘을 쏟는다. 이는 맥주 및 와인 문화를 둘다 발전시키는 결과를 낳았다.

현재 최고가 화이트 와인 산지는 부르고뉴 지역인데, 이 부분도 샤를마뉴가 큰 역할을 했다. 수염을 길렀던 그는 수염에 붉은 와인이 묻는 것을 꺼렸다. 전쟁으로 많은 살상을 했기에 피를 연상시키는 레드 와인이 입가에 묻는 것이 꺼려졌는지도 모르겠다. 샤를마뉴는 부르고뉴 지역에 화이트 와인 품종을 심어 본격적인 화이트 와인 생산을 유도한다. 여기서 유래한 지역이 바로 꼬뜨 드 본Côte de Beaune의 코르통 샤를마뉴Corton-Charlemagne 그랑 크뤼다. 그랑 크뤼는 위대한 밭이라는 의미로, 부르고뉴 지역의 특급 포도 밭에만 주어지는 명칭이다.

수도원, 와인으로 독립성을 찾다

샤를마뉴의 사후 843년, 프랑크 왕국은 3개로 분열되었다. 샤를마뉴의 아들인 루트비히 경건왕의 세 아들이 3년간의 내전으로 베르됭에서 카롤링거 제국을 동프랑크 왕국, 중프랑크 왕국, 서프랑크 왕국으로 분할하는 조약을 체결한다. 이는 그 유명한 베르됭 조약이다. 이 조약으로 샤를마뉴가 세운 제국은 해체되기 시작했다. 이로 인해 서유럽의 독일, 이탈리아, 프랑스의 모태가 탄생하였다. 이후 메르센 조약(870년)을 거쳐 리베몽 조약(880년)을 통해 독일과 프랑스의 국경이 형성되었다. 이 국경은 중세까지 유지됐다. 그 뒤 1648년, 베스트팔렌 조약으로 현재의 독일-오스트리아, 이탈리아의 국경이 확정된다.

샤를마뉴 등 세속 군주가 지원해 주는 것까지는 좋았으나 문제는 그다음이었다. 교회와 가톨릭의 성직자 임명권(선임권)을 세속 군주가 가지게 되면서 성직자들이 그들에게 기대야 하는 상황이 만들어진 것이다. 수도에 힘을 써야 하는 종교인이 권력자에게 휘둘리게 되었다. 그러자 성직자의 규율과 도덕은 점차 해이해졌고, 신앙의 수준도 하락하게 됐다. 이 상황을 막기 위해 수도원 자체의 독립성을 찾자는 수도원 운동이 일어나게 된다. 909년 프랑스 아키텐 공작인 기욤 1세는 부르고뉴 클뤼니 지역에 수도원을 세우면서 해당 수도원을 완벽하게 독립적인 조직으로 만든다. 왕은 물론 백작, 주교 등도 이곳의 재산을 침범할 수 없다고 공언한다. 하지만 그 이후가 문제였다. 수도원은 재정 자립을 해야 하는 상황을 마주하게 되었다. 그들이 선택한 것은 포도 농사와 와인 제조였다. 성찬 의식에 꼭 필요한 와인을 만들고, 또 판매를 위해서도 만들었다.

여기에 더욱 적용된 규범이 '기도하며 일하라Ora et Labora'는 것이다. 성 베네딕도회Order of Saint Benedict 수도원 생활의 규율인 이 문구는 수도원의 주체성을 이끌게 된다. 성 베네딕도회는 529년에 누르시아의 베네딕도가 이탈리아의 몬테카시노에서 창건했다. 그가 수도원 생활의 규범으로 세운 계율(베네딕도 규칙서)을 따르는 남녀 수도회들의 연합체를 일컫는다. 이후 클뤼니 수도원 개혁Cluniac Reforms이 일어났으며, 이는 프랑스 전역은 물론 스페인, 이탈리아, 독일까지 퍼지게 된다. 그러면서 학문에 대한 다양한 연구가 수도원에서 이루어지게 되었다. 클뤼니 수도원이 있는 곳이 바로 부르고뉴의 마코네Maconnais 지역이다.

클뤼니 수도원이 배출한 인물이 우르바노 2세다. 클뤼니 수도원에 들어가 수사로 시작한 그는 이곳의 원장이 되었고, 후에 교황에 오르게 된다. 우르바노 2세는 오늘날의 로마 교황청 조직을 마련한 사람이지만, 중세 유럽의 흑역사라고 볼 수 있는 십자군 전쟁을 시작한 인물이기도 했다. 신성 로마 제국의 황제인 하인리히 4세를 카노사의 성에서 굴욕시킨 '카노사의 굴욕'의 주인공 교황 그레고리

오 7세도 이 수도원을 거쳐갔다는 설이 있다. 클리뉘 수도원은 13세기에 시토회 Citeaux에 개혁의 주도권을 넘겨주게 된다. 시토회 역시 부르고뉴 지역이다. 이는 현재 부르고뉴의 주도主都인 디종 근처에 위치하고 있다.

부르고뉴는 수도원 운동의 중심지로, 프랑스혁명까지 그 역사가 이어진다. 프랑스혁명 이후 수도원의 모든 포도밭은 일반인에게 나눠 준다. 깨알같이 작게 나눠진 수도원의 포도밭은 각각의 개성을 자랑하며 수제의 전통을 이어온 채 전 세계 최고가의 와인으로 이어지게 된다. 우리나라도 클리뉘 수도원이 속한 베네딕도회와 관련이 있는 부분이 있다. 한국 전쟁 당시 배에 무기를 싣지 않고 피난민을 살린 흥남 철수 작전을 이끈 메러디스 빅토리호의 레너드 라루 선장의 이야기다. 그는 1954년 바다를 떠나 뉴저지주 뉴턴시에 있는 베네딕도회의 성 바오로 수도원에 들어간다. 이후 마리너스라는 이름의 수사로 숨질 때까지 평생을 봉헌했다. 선종 후 대한민국 정부로부터 훈장을 받았고, 마리너스 수사가 지내던 미국 베네딕도회 수도원이 경영난으로 폐쇄할 위기에 처하자 한국 베네딕도회 왜관 수도원에서 복구했다.

술,
담다

전쟁과 혁명

15

위스키와 보드카, 코냑의 시작을 알린 유럽의 십자군 전쟁

십자군 전쟁은 프랑스 부르고뉴 클리뉘 수도원 출신의 우르바노 2세에 의해 시작된다. 알고 보면 십자군 전쟁은 유럽에 증류주라는 문화를 가져오는 결과를 낳았다. 스코틀랜드의 스카치 위스키, 동유럽의 보드카, 프랑스의 코냑 등은 모두 십자군 전쟁으로 증류 기술이 중동 지방에서 도입되며 생긴 것이다. 동양에서도 몽골을 통해 우리나라에는 소주가, 중국에도 고량주가 생겨나게 된다. 중동 지방에서는 이러한 증류 기술을 어떻게 습득했을까? 흥미롭게도 이러한 내용은 그리스 철학에 그 뿌리를 둔다.

증류 기술은 그리스 철학인 사원소설에서 시작한다. 이는 만물의 근원이 물, 공기, 불, 흙으로 되어 있다고 본다. 엠페도클레스가 주장했으며, 앞서 이야기했듯이 히포크라테스가 활용하기도 했다. 여기에 온, 냉, 건, 습을 더하면 세상의 모든 물질이 바뀐다고 집대성한 사람이 아리스토텔레스다. 논리는 간단하다. 사람의 몸은 60% 이상이 '물(수분)'로 되어있으며, '공기(산소)'가 있어야 살 수 있고, '불'로 태우면 사라지고, 죽은 후에는 '흙'으로 돌아간다. 성장을 위해서도 수분이라는 '물', 태양이라는 '불', 호흡을 위한 '공기(산소)', 곡식을 키우기 위한 '흙'을 필요로 한다. 당시에는 꽤 설득력이 있는 내용이었다.

하지만 이 사상은 유럽이 인본주의에서 신본주의 사상으로 바뀌면서 하락세가 된다. 흔히 이야기하는 중세 암흑기다. 현실적, 사실적 그림보다는 신神을 나타내는 추상적인 예술 작품만 있었다. 만물의 본질을 나눈다는 점도 세상을 신이 만들었다는 신본주의와 맞지 않았다. 덕분에 사원소설은 유럽이 아닌 중동 지방에서 연금술로 발전하게 된다. 알렉산더 대왕에 의한 헬레니즘 문화도 연금술의 발전에 큰 역할을 했다. 알렉산더 대왕은 아리스토텔레스의 제자였기 때문이다. 이 지역에서는 연금술로 세상에서 가장 가치있는 물건을 만들어내고자 했다. 바로 금이었다. 이들은 물, 불, 공기, 흙의 양을 조절하고, 온, 냉, 건, 습을 가하면 세상 모든 것을 만들 수 있다는 사상 아래 다양한 실험을 하게 된다. 결국 금은 못 만들었지만, 물질이 바뀐다는 바뀔 화化란 단어를 넣은 화학化學이란 개념을 잡아 주었다. 이후의 현대 과학에도 지대한 영향을 미치게 된다.

연금술 실험은 술에도 적용되었다. 와인이나 맥주와 같은 발효주에 열을 가해본 것이다. 열을 가하다가 물보다 알코올이 먼저 기화되는 것을 알게 되었다. 물은 100도에서 끓지만, 알코올(에탄올)은 78.3도에서 끓는다. 먼저 기화된 알코올은 상승하게 되지만, 이내 찬 성질을 만나면 다시 액체로 바뀐다. 이것이 바로 술의 증류다. 영어로는 스피릿 Spirits 이라고 한다. 발효주의 영혼(알코올)만 뽑아냈다는 뜻이다. 서양에서는 십자군 전쟁 전후로 연금술을 받아들여 위스키, 코냑, 보드카 등의 증류주가 발달할 수 있었다. 기술이 아닌 생각과 철학이 새로운 물질을 발견하게 한 것이다.

끓여서 알코올을 분리하는 방법이 있다면, 반대로 얼려서 진행도 가능하다. 물은 0도에서 얼지만, 알코올(에탄올)은 -114.1도에서 얼기 때문이다. 맥주를 얼리면 수분만 얼고 알코올은 그대로 남는다. 수분만 제거하면 얼마든지 높은 도수의 술이 나올 수 있는 것이다. 그래서 가끔 해외의 맥주를 보면 알코올 도수가 40도인 제품이 있다. 맛은 위스키와 유사하다. 참고로 동아시아에도 사원소와 비슷한 사상이 있다. 세상이 음과 양, 화火, 수水, 목木, 금金, 토土로 이뤄졌다는 음양오행이다. 인도 철학 역시 비슷하다. 만물이 땅과 바람, 불과 물로 이루어진 지, 풍, 화, 수地風火水 개념을 설명한다. 서로의 존재조차 모르던 때에도 인류는 동서양으로 나누어지기보다 비슷한 생각을 하고 있었음을 알 수 있다.

마법에서 과학으로,
신의 영역에서 인간의 기술이 된 증류주

연금술Alchemy을 집대성한 사람은 아부 무사 자비르 이븐 하이얀이다. 무슬림 화학자이자 천문학자, 연금술사, 지구과학자, 철학자, 물리학자, 약사, 의사였던 그는 연금술의 창시자라 불릴 정도로 연금술 관련 저서가 수백 권에 달한다고 전해진다. 무엇보다 지금까지도 쓰이고 있는, 기본적인 화학 개념과 이론, 여러 물질의 제조 방법에 대한 업적들을 남겼다. 그의 저서에는 철과 구리를 비롯한 여러 금속의 제조 방법, 염색법, 와인의 증류법이 기술되어 있다. 연금술은 오늘날 화학Chemistry이란 말의 기원으로 이어지며, 근대 화학 발전에 지대한 영향을 미쳤다.

1144년 영국 출신 아랍 연구가 로버트 오브 체스타가 스페인에 머물면서 자비르 이븐 햐이얀의 《연금술 구성의 서》라는 책을 번역했을 때를 유럽 증류주의 시작이라고 보고 있다. 12~13세기의 성직자이며 철학자인 알베르투스 마그누스는 브랜디(와인을 증류한 술)를 만들었다는 논문을 기록했다. 잉글랜드의 로저 베이컨은 증류주는 몸을 풀어주고 장수할 수 있게 한다고 기록하고 있다. 이를 보면 알 수 있듯이 이때까지만 해도 유럽의 증류주는 성직자 또는 연금술사가 만드는 신비로운 물질이었다.

유럽의 모든 증류주는 같은 의미를 가지고 있다. 바로 북유럽의 아쿠아비트Aquavit, 위스키의 어원인 우스게 바하Uisce beatha, 프랑스의 오드비Eau-de-Vie, 동유럽(폴란드와 러시아가 원조)의 보드카 지즈데냐 바다Жизленя вода 등이다. 이는 '생명의 물'이라는 뜻이다. 중류주가 중세 시대 유럽을 강타한 흑사병(페스트)의 치료제로 쓰였기 때문이다. 그래서인지 최초의 증류주(정확하게는 위스키) 사용 허가는 의사에게 주어졌다고 기록된다. 1506년, 영국의 제임스 4세는 당시 이발사 조합과 외과 의사 조합에게 증류주 독점권을 내어 준다. 증류주를 마시고 취하기 보다는 약으로 썼기 때문이다. 연금술사와 수도사들이 만들던 증류주가 전문 영역인 의사의 영역으로 들어온 것이다. 이 사건은 마법에서 과학으로, 신의 손길에서 인간의 기술로 여겨지는 중요한 포인트다.

와인은 종교와 밀접한 관계가 있는 반면, 위스키와 증류주는 거의 연관이 없다. 증류주가 개발되었을 때는 이미 각각의 종교가 자리를 잡은 이후였기 때문이다. 이슬람은 술을 멀리했고, 유럽에서는 수도원이 와인과 맥주를 열심히 만들 때였다. 위스키는 종교에 파고들 틈이 없었다. 와인과 같은 발효주는 자연적으로도 발생할 수 있는 술이다. 그런 이유로 당시 사람들은 와인이 신의 섭리에 의해 만들어지는 술이라고 생각했고, 그래서 종교와 함께할 수 있었다. 하지만 위스키와 같은 증류주는 기술로 인간이 재창조한 술이라고 볼 수 있다. 유럽으로 전파된 증류주는 학술적 측면에서 발달하게 된다. 증류주 기술의 발달은 르네상스, 산업혁명, 그리고 시민혁명으로도 이어진다. 신본주의에서 인본주의로 가는 길목에 인간이 만든 술, 거기에 숙성이라는 시간이 더해진 것이 지금의 위스키가 아닌가 싶다.

16

흑사병의 창궐과 종류주

인류 역사에 있어서 가장 많은 희생자를 낸 전염병이라고 한다면 아마 흑사병일 것이다. 고대 로마의 멸망을 부추긴 것도, 원나라의 홍망성쇠도 흑사병과 연관되어 있다고 말할 정도니 말이다. 흑사병은 14세기에 유럽을 크게 덮쳤는데, 당시 유럽 인구의 3분의 1 이상이 목숨을 잃었다. 언제나 그렇지만, 힘든 시기에는 많은 사람이 종교에 의지하는 법이다. 당시 종교인들은 전염병을 이겨내기 위해 끊임없이 회개하고, 함께 모여 기도해야 한다고 말했다. 이로 인해 종교인들까지도 흑사병에 걸리게 된다. 종교인들이 흑사병으로 죽는 것을 본 사람들은 더 이상 종교에만 의지하면 안 된다는 회의적인 생각을 하기 시작한다. 이것이 인본주의 사상이 싹트고 르네상스의 기반이 마련되는 계기다.

14세기 영국은 11세기 프랑스 산하의 노르망디 공국 점령으로 프랑스어를 성직자·왕실의 언어로 사용했었다. 하지만 흑사병으로 다수의 성직자들이 사망하여 이는 영어가 영국의 국어가 되는 계기가 된다. 당시 베네치아에서는 외부에서 온 배는 40일간 부두에 정박해 있어야 했는데, 이탈리아어의 '40'을 뜻하는 'Quaranta'에서 검역Quarantine이라는 단어가 생기기도 했다. 유럽에서는 흑사병을 치료하고자 증류주에 다양한 약재를 넣기 시작했다. 수도원에서는 이러한 약술을 불로불사의 술, 엘릭서Elixir라고 불렀다. 다만 흑사병의 원인이 쥐에 붙어 있는 벼룩이라는 것은 모른 채 치료를 했으니, 흑사병은 쉽게 사그라들지 않았다.

폴란드는 흑사병의 피해가 비교적 적었다. 폴란드에는 독특한 문화가 있었는데, 증류주로 겨드랑이, 발, 손 등 몸을 소독하는 것이었다. 몸뿐만 아니라 집의 식기나 가구 등 모두의 손이 자주 닿는 곳을 소독했다. 그리고 도시 위주로 발달한 서유럽과 달리 폴란드에는 야생림이 많아 인구 밀도가 낮았고, 흑사병의 원인인 쥐를 잡아먹을 수 있는 늑대 등의 맹금류가 많았기 때문이다.

흑사병은 인류의 민낯을 그대로 보여 주기도 했다. 당시 유대인은 흑사병 희생자가 적은 편이었다. 이를 이유로 유대인이 우물에 독을 넣었다는 소문이 퍼져 버리는 바람에 유대인 박해와 학살이 일어났다. 유대인의 피해가 적었던 것은 미츠바Mitzvoth라는 엄격한 규율이 있었기에 중세 기독교인보다 위생적이었고, 일반 기독교인과 격리된 곳에서 생활했기 때문이라는 견해가 있다.

알코올에 의한 소독은 17세기 독일에서 본격적으로 진행된다. 와인을 증류한 프랑스 브랜디를 프란츠브란트바인Franzbranntwein이라고 불렸는데, 그대로 소독용 알코올 명칭으로 바뀐 것이다. 체코에서도 프랑코보Francovka라고 불렸으며, 소독·혈행을 좋게 하는 마사지 등에 사용된다. 19세기에 나폴레옹군이 오스트리아의 빈을 점령한 후 코냑 등의 술통을 놓고 갔다. 빈 주민들은 달콤한 와인을 좋아하는 편이라 알코올이 강한 코냑 등은 별로 좋아하지 않았다. 그래서 이런 술은 약용으로 판매하게 되었다. 미국에서는 1920년대에 러빙 알코올Rubbing alcohol이라는 바르는 알코올이 등장해 마사지 등의 목적으로 판매된다. 하지만 알코올을 통한 소독의 주요 역할은 하지 못하고 오히려 소독용으로 팔린 알코올이 음용으로 팔리곤 해서 후에 골머리를 앓는다.

흑사병의 발병 원인은 19세기 프랑스 화학자 루이 파스퇴르에 의해 밝혀진다. 이후 페니실린 등의 항생제가 개발되면서 흑사병은 점점 사라졌다.

17

이슬람교에서
술을 금지하게 된 이유

앞서 연금술의 발달이 이슬람에서 시작했다는 이야기를 했다. 여기에 와인과 맥주의 발달도 메소포타미아 문명과 밀접한 관계가 있다는 내용도 언급했다. 그런데 왜 정작 이슬람권 지역에서는 술을 금지하는 것일까? 정확히 이야기하자면 금지하고 있지 않다. 내세 에서는 얼마든지 허용해 주고 있기 때문이다. 천국에서나 실컷 마시 라는 이야기라 할 수 있겠다. '천국에는 특별한 술이 있다. 그것으로 그들은 숙취를 앓지도 취하지도 아니하며' 이슬람의 쿠란(56장 19절) 에 적힌 내용이다. 천국에서는 숙취가 없다고 표현되어 있다. 현세 에서는 못 마시는 술이 천국에는 넘쳐 흐른다는 의미다.

이슬람 문화권에서 금주를 하게 된 계기는 바로 이슬람교를 창 시한 무함마드 때문이다. 그는 술로 인한 폐해가 생기자 아예 금지해 버린다. 금지되기 시작한 시기는 여러 설이 있어 정확히 파악하기는 애매해 보인다. 11세기 문학까지는 술과 관련된 시가 보이는데, 이런 사료로 시기를 유추할 뿐이다. 연금술에 의한 증류주가 발달했을 때에 금기했다는 설도 있다. 그렇다면 이슬람에서는 술 대신 뭘 마셨을까? 바로 커피다. 커피는 정신을 차리게 하고, 예배를 잘 드릴 수 있게 도와 줬기 때문이다. 지금의 커피 마시는 방법을 일반화시킨 것도 이슬람 신비주의라고 불리는 수피즘이었다. 수피즘은 다른 이슬람교 종파와는 다르게 전통적인 교리 학습이나 율법이 아니라 현실적인 방법으로 신과 합일되는 것을 최상의 가치로 여긴다. 수피즘의 유일한 목적은 신과 하나가 되는 것이다. 이를 위해 이들은 춤과 노래로 구성된 독자적인 의식을 갖고 있었다.

그들은 낮에 일하고, 해가 지면 집회장에 모여 밤샘을 하며 예배를 드리곤 했다. 잠을 깨우고 예배를 드리기 위해 커피의 각성 작용에 의지한 것이다. 커피라는 단어의 유래는 몇 가지 설이 있는데, 아랍어 카와Qahwa에서 유래되었다는 말도 있다. 이는 원래 와인을 뜻하는 용어로 쓰였다. 커피를 졸음을 쫓는 목적으로 마시게 되면서 카와라고 부르게 되었다. 커피는 이슬람권에서 처음에는 종교적인 성스러운 음료로 소중하게 다뤄진다. 그러다 서서히 시민에게도 전파되면서 카페 등이 중동 지역의 중요 도시에 많이 생기게 되었다.

이슬람에서는 커피도 금지한 적이 있다. 사람들이 커피를 마시고 밤새 도박을 하는 경우가 많았기 때문이다. 또 카페에서는 반정부 관련 이야기를 하는 사람들이 모여 이야기했고, 이것이 시위로 이어진 적도 있다. 하지만 탄압은 커피의 인기를 꺾지 못했다. 이러한 문화는 유럽으로도 이어진다. 유럽의 혁명에서 사람들이 모이고 논의하는 공공의 카페가 큰 역할을 했기 때문이다. 네덜란드인이 예멘에서 커피나무를 몰래 가져와 자바섬, 실론섬에 심은 것이 자바 커피, 실론 커피 등의 유래가 되기도 한다.

같은 이슬람권이라도 음주 기준은 다르다

음주의 허용 기준은 나라마다 다르다. 튀니지나 튀르키예는 야외 카페에서도 상당히 자유롭게 마시는 편이며, 의외로 이란도 집에서는 술을 마시는 편이다. 원칙적으로는 금지이긴 하지만, 1979년까지 편하게 마시던 나라였기 때문에 그 영향이 남은 것으로 보인다. 엄격한 금주로 유명한 나라는 사우디아라비아다. 일반 국민은 당연하고, 외국인도 마시면 안 된다. 심지어 의술용으로도 잘 사용하지 않는다. 그래서 여기서는 몰래 와인을 만드는데, 건포도에 물과 설탕, 효모를 넣고 만든다. 음주를 엄격하게 금지해도 인간은 어떻게든 술을 마신다. 최근에는 금주와 관련된 사항이 다소 완화되었다고 한다.

[18]

백년 전쟁은
와인 전쟁이다

중세 유럽 역사에는 사회를 뒤흔든 전쟁 2개가 있다. 하나는 교황과 유럽 제후들의 이권이 맞아 떨어져 침략 전쟁으로 전락한 십자군 전쟁이며, 다른 하나는 유럽의 패권을 노리던 프랑스와 영국의 백년 전쟁(1337~1453)이다. 백년 전쟁 이전의 유럽은 국가와 민족이 아닌 성직자, 귀족, 왕족으로 계층이 나뉘었다. 백년 전쟁 이후 영주의 힘이 강했던 봉건주의가 무너지고 영국과 프랑스에 국가와 민족이라는 개념이 생긴다. 근대 국가의 기틀이 마련되는 시기였다.

앞에서 잠깐 언급한 것처럼 백년 전쟁이 일어나기 전까지만 해도 영국 왕실에서는 프랑스어를 사용했다. 그래서 왕실이나 귀족이 썼던 단어는 프랑스어에 어원을 두는 경우가 많다. 예를 들면 소고기 Beef, 돼지고기 Pork가 있다. 이는 각각 프랑스어인 'Boeuf'와 'Porc'

에서 유래됐다. 소와 돼지를 농업의 본질로 본 농민들은 'Cow'와 'Pig'라는 단어를 썼고, 먹는 데 중점을 둔 귀족은 'Beef'나 'Pork'라는 단어를 썼다. 당시만 하더라도 농민들은 소나 돼지를 먹을 일이 지극히 적었기 때문이다. 또한 '-ion'으로 끝나는 단어의 대부분은 프랑스에서 온 것이다. Action, Attention, Communication, Informaiton 등이다. 영단어의 29%는 프랑스어에서 왔으며, 나머지 29%가 라틴어, 26%가 게르만어, 6%가 그리스어 등이다.

따지고 보면 백년 전쟁은 술을 두고 싸운 전쟁이기도 하다. 백년 전쟁의 원인은 스코틀랜드 왕위, 프랑스 왕위 계승, 플랑드르 지배권(지금의 벨기에 지역)이었지만, 와인의 주산지인 보르도를 사이에 둔 전쟁이기도 했다. 백년 전쟁 당시에는 보르도가 프랑스 땅이 아닌 영국 땅이었다. 1152년에 프랑스의 아키텐(이곳의 중심 도시가 보르도다) 영주인 엘레노어가 영국 왕 헨리 2세와 결혼한다. 엘레노어는 원래 프랑스 루이 7세의 왕비였다. 하지만 프랑스 왕인 루이 7세와 이혼하고, 10살 어린 헨리 2세(당시 왕자 신분)와 결혼했다. 이때 그녀가 지참금으로 가져온 땅이 바로 프랑스 와인의 중심지인 보르도다. 양국의 앙금은 이때부터 시작됐다. 영국은 앙주 왕가의 이름을 따 앙주 제국 Angevin Empire 으로 불리며 프랑스보다 더 큰 땅을 가지게 된다. 하지만 영국은 계속 프랑스에게 땅을 빼앗겼고, 백년 전쟁 직전에는 보르도 땅만 남게 된다.

보르도 지역에 대한 분쟁은 백년 전쟁의 대표적인 이유이기도 하다. 여기서 생산되는 와인은 영국(당시 잉글랜드)의 밥줄이었고, 무엇보다 걷어들이는 세금 역시 당시 잉글랜드 왕국 재정의 어마어마한 부분을 담당했기 때문이다. 당시에도 보르도는 유럽 전역에 와인을 수출하던 지역이었다. 한해 와인 수출량이 1억 병에 달했다. 잉글랜드 경제의 핵이었으며, 잉글랜드 왕국 전체의 조세 수입보다 보르도 등 와인 산지에서 얻은 수입이 더 많았을 정도였다.

이를 프랑스가 달가워할 리가 없었다. 결국 잉글랜드 왕국과 프랑스는 술을 놓고 116년간 피비린내 나는 전쟁을 치르게 된다. 이렇게 되면서 사과 발효주 사이더Cider로 유명한 노르망디, 샴페인으로 유명한 샹파뉴Champagne, 브랜디로 유명한 아르마냑Armagnac, 고급 와인으로 유명한 부르고뉴 지역까지 전쟁에 휘말리게 된다. 지금으로 보면 백년 전쟁은 술 주산지들의 전쟁이었던 셈이다. 전쟁이 끝나고 프랑스는 술의 지방이라는 정체성을 더욱 확고히 하게 된다.

참고로 엘레노어와 헨리 2세 사이에서 태어난 자식 중 2명이 세계사에 엄청난 족적을 남긴다. 한 명은 십자군 전쟁에서 엄청난 활약을 한 사자심왕 리처드 1세, 또 한 명은 귀족들의 반란으로 민주주의의 기초가 되는 대헌장Magna Carta에 서명한 존 왕이었다. 존은 프랑스에게 땅을 많이 잃어 실지왕失地王이라고 불릴 정도였다. 보르도를 제외한 수많은 땅을 잃은 시기가 바로 그때였다.

국적은 잉글랜드, 마음은 프랑스에 있던
사자심왕 리처드 1세

그런데 영국은 왜 와인 산지로는 유명하지 않을까? 지금도 영국에서는 450여 곳의 와이너리가 와인을 만들고 있고, 스파클링 와인의 수준이 꽤 높다고 알려져 있다. 하지만 프랑스, 이탈리아, 스페인과 비교하면 여전히 마이너다. 영국의 와인 제조가 발달하지 않은 이유로 자주 제시되는 것이 포도 재배에 적합하지 않은 기후다. 늘 안개가 자욱하고, 비도 많이 오고, 날씨도 춥다. 그러다 보니 배수도 잘 안 되고, 당도 높은 포도도 원활하게 생산되지 않는 것이다. 다만 자연 환경적인 이유뿐만은 아니다. 관련된 역사적 배경도 있다.

이는 잉글랜드 왕 리처드 1세의 영향이다. 리처드 1세는 재위 기간 대부분을 전장에서 보냈다. 십자군 전쟁 때 워낙 많은 활약을 하다 보니 '사자의 심장을 가진 왕'이라고 불렸다. 통치에서는 무능했으나 전장에서는 최고였다. 한마디로 중세의 전형적인 기사였던 셈인데, 강간, 학살, 무자비한 잔혹 행위를 서슴지 않았다. 제3차 십자군 원정 당시 다국적 십자군 부대를 통솔하여 살라흐 앗 딘 유수프를 상대로 전승 무패라는 전설적인 전과를 거둔 왕은 이슬람인들에게 공포의 존재로 군림하였다.

잉글랜드 왕실의 와인을
보르도 와인으로 정한 리처드 1세

리처드 1세는 잉글랜드의 왕인데도 잉글랜드에 오래 살지 않았다. 8살에 프랑스로 갔고, 재위 기간을 통틀어 잉글랜드에 겨우 6개월밖에 있지 않았다. 오히려 프랑스에서 훨씬 오래 살다 보니 영어를 거의 못했으며, 주로 프랑스어를 썼다. 즉위 후 잉글랜드 왕실의 와인을 정하게 되었는데, 당시 잉글랜드 본토에서도 생산되는 와인이 있었다. 하지만 리처드 1세는 잉글랜드에서 산 기간이 짧아 잉글랜드 술을 잘 알지도 못했다. 그의 어머니는 보르도를 중심으로 한 아키텐의 영주였으며, 그 자신도 아키텐의 영주이기도 했다.

그래서 리처드 1세는 잉글랜드 왕실의 와인을 프랑스 보르도 주변 와인으로 정해버린다. 당시만 하더라도 보르도는 잉글랜드령 이었으니 이상할 건 없었다. 무엇보다 그 지역은 어머니의 땅이자 자신의 땅이었다. 리처드 1세의 정체성은 잉글랜드보다 프랑스에 가까웠다고 할 수 있다. 하지만 백년 전쟁이 끝나고 보르도 땅을 프랑스에 빼앗기게 되고, 국가 대 국가로 와인을 수입하는 처지가 되어버린다. 그럼에도 불구하고 잉글랜드의 보르도 와인에 대한 애착은 이후에도 이어진다.

19

잔 다르크를
팔아 넘긴
프랑스 부르고뉴 공국

현재 프랑스 와인 산지 중에서 최고가 제품을 자랑하는 곳은 바로 부르고뉴다. 부르고뉴 지역 와이너리 대부분은 보르도에 비해 작은 밭이어서 수제의 느낌이 강하다. 제조 수량도 많지 않아 가격이 높아질 수밖에 없다. 포도 품종도 레드 와인의 경우 피노누아, 화이트 와인의 경우 샤르도네 중심으로 엄격하게 관리하고 있다. 유사품을 만들기도 어려운 환경이다. 지역에 따라 와이너리 분위기도 완전히 다르다. 보르도의 샤토(와이너리)들이 격식과 권위를 추구하는 거대한 성을 갖추고 있다면, 부르고뉴는 그냥 시골 마을과 같은 정감이 있다. 이러한 이유로 오히려 부르고뉴를 더 선호하기도 한다.

백년 전쟁 당시에 이 부르고뉴 와인 산지가 있는 부르고뉴 공국은 프랑스가 아닌 잉글랜드 편에 섰다. 프랑스 왕실로부터 분리해 독립 국가를 만들고자 했기 때문이다. 당시 프랑스 지배하에 있으면서 잉글랜드 편을 들었던 다른 곳은 바로 플랑드르다. 당시 잉글랜드로부터 양모 수입을 통해 큰 수익을 올리며 경제적으로는 잉글랜드에 의지하고 있어서 현실적 이익을 따라 잉글랜드를 지지하기로 결정한다. 플랑드르의 지원을 받은 에드워드 3세는 즉시 전쟁을 개시한다.

부르고뉴 공작 필리프 2세는 1369년 플랑드르 백작 루이 2세의 딸 마가레타와 결혼하고 장인이 사망한 뒤에 플랑드르를 차지한다. 이로써 넓은 영지를 차지하게 되었고, 이후 그의 후손들은 프랑스로부터 분리되어 독립 국가를 만들려고 노력하며 끊임 없이 왕실과 갈등했다. 그 사이에 부르고뉴 공국은 백년 전쟁에서 역사에 남을 만한 일을 저지른다. 백년 전쟁의 영웅인 잔 다르크를 사로잡아 영국에 팔아넘겨 그녀가 화형당하는 데 결정적인 역할을 한 것이다.

이때 부르고뉴 공국의 공작은 필리프 3세였다. 그가 이런 행동을 한 것에는 나름 배경이 있었다. 당시 부르고뉴 공국은 프랑스 왕세자를 지지하는 아르마냑파와 내전을 벌이는 중이었다. 왕세자(후의 샤를 7세)는 아르마냑파의 지지를 받고 있었다. 이러한 상황에서 필리프 2세의 아들이자 필리프 3세의 아버지인 장 1세가 왕세자와의 협상 도중에 암살을 당한 것이다. 이전에 장 1세가 1407년 프랑스 내부의 경쟁자인 오를레앙 공작 루이를 암살하였고, 이후 오를레앙파는 아르마냑 백작 베르나르 7세를 중심으로 아르마냑파로 이름을 바꾸고 무력 투쟁을 진행한다. 그리고 오를레앙 공작 루이를 암살한 장 1세 역시 1419년 파리의 거리에서 암살을 당한다. 결국 부르고뉴파는 프랑스의 주적이었던 잉글랜드와 동맹을 맺고 프랑스 왕실에 비수를 꽂는다.

1420년, 힘이 강해진 잉글랜드는 프랑스와의 전투에서 대승하여 잉글랜드 왕 헨리 5세는 트루아 조약을 체결한다. 이 조약으로 헨리 5세는 프랑스 왕 샤를 6세의 딸 캐서린과 결혼해 그의 자식이 잉글랜드의 왕이 되는 것뿐만 아니라 프랑스의 왕위까지 받을 수 있게 된 것이었다. 이후 헨리 5세가 35세 나이로 급사한다. 그를 따라 샤를 6세도 2개월 후에 사망하고 만다. 결국 트루아 조약 내용에 따라 생후 11개월의 헨리 6세가 잉글랜드와 프랑스의 왕이 된다. 기존의 프랑스 왕세자인 샤를 7세는 잘못하면 즉위식도 못 올릴 상황이었다. 이때 등장한 사람이 바로 잔 다르크였다. 샤를 6세와 마찰이 있었던 부르고뉴 공국은 1419년 공식적으로 영국과 손을 잡은 후, 부르고뉴 지역의 바로 위의 알자스-로렌 지방에 속한 동레미Dom-rémy란 마을을 침략한다. 이곳은 잔 다르크의 고향이었다.

당시 프랑스의 상황은 최악이었다. 잉글랜드는 왕세자가 샤를 6세의 친자가 아니며, 오를레앙 공작과의 사이에서 태어났다는 소문을 퍼트렸고, 파리는 물론 프랑스 북부 지역을 잃어 프랑스 남부 지역으로 밀려났다. 그리고 왕세자를 돕는 마지막 대영주의 영지인 오를레앙이 다음 타깃이었다. 이곳마저 함락되면 프랑스는 더욱 위기로 빠져드는 상황이었다. 1429년 16세가 된 잔 다르크에게 프랑스를 구하라는 신의 목소리가 들려온다. 이후 2년 동안 오를레앙 성을 포위한 영국군을 무찔렀고, 그 기세로 랭스Reims까지 탈환한다.

이 랭스가 바로 샴페인으로 유명한 샹파뉴Champagne에 있는 지역이다. 이곳은 역사적으로 프랑스 왕의 대관식을 진행하는 랭스 대성당이 있다. 잔 다르크가 탈환한 그곳에서 샤를 왕세자가 샤를 7세로 정식 즉위한다. 그래서 이곳을 대관의 도시 La cité des sacres 또는 왕들의 도시 La cité des rois 라고도 부른다. 이러한 이유로 샴페인은 축제와 파티의 이미지를 가지고 있다.

즉위식을 올린 샤를 7세와 귀족들은 슬슬 잔 다르크를 견제하게 된다. 결국 왕실의 지원이 끊어진 상태에서 전투에 나간 그녀는 콩피에뉴 전투(1430)에서 부르고뉴군에게 잡힌다. 부르고뉴는 프랑스 왕실에 그녀의 몸값을 요구했지만, 프랑스 왕실은 애매한 태도로 일관했다. 시간이 지체되자 부르고뉴는 잔 다르크를 영국에 팔아버린다. 결국 영국과 부르고뉴가 주축이 된 재판에서 그녀는 마녀로 선고받고, 화형을 당한다. 그녀를 죽음으로 몬 것은 부르고뉴였지만, 실질적으로 죽인 것은 바로 프랑스 왕실이었다. 이순신 장군을 질투한 선조의 모습이 겹쳐 보이기도 한다.

20

영국 장군의 이름을 딴
프랑스 와인

잔 다르크는 처형당했지만 프랑스의 기세가 꺾이지는 않았다. 그렇다고 해서 잉글랜드와 부르고뉴 모두를 상대하기에는 프랑스 역시 벅찼다. 샤를 7세도 막 왕위에 오른 상태였기 때문이다. 부르고뉴 역시 전보다 높은 지위를 인정받고 싶었다. 이렇게 양측의 이해 관계가 일치함에 따라, 휴전 회담 도중 교묘하게 잉글랜드 측을 배제한 채로 부르고뉴-프랑스 양국 간의 협상이 이루어진다. 바로 아라스 조약 Treaty of Arras 이다. 아라스 조약의 내용은 간단했다. 부르고뉴는 잉글랜드와의 동맹을 파기하는 대신 공식적으로 프랑스 왕국에 대한 봉건 의무에서 해방된다. 즉, 독립국으로 거듭난 것이다. 이와 함께 볼로뉴, 베르망두아 등에서의 지배권도 확립할 수 있게 되었다.

프랑스 역시 잉글랜드에 전력을 집중할 수 있었고 1453년 프랑스 북부인 칼레를 제외한 프랑스 전역에서 잉글랜드 세력을 축출함으로서 백년 전쟁에서 최종적으로 승리했다. 하지만 부르고뉴 공국이 지속적으로 독립을 유지하는 것은 쉽지 않았다. 필리프 3세가 사망한 후 그 뒤를 이어 샤를 1세가 부르고뉴 공작이 되지만, 1477년 프랑스 로렌 공국과의 낭시 전투에서 패배한다. 이때 로렌 공국에 고용된 스위스 용병이 낭시 전투에서 크게 활약하며 무적이라는 명성을 얻는다. 부르고뉴 전쟁이라고 불리는 이 사건은 한때 프랑스, 신성 로마 제국에 버금가는 왕국이 될 뻔했던 부르고뉴의 몰락을 초래했다.

이후 샤를 1세가 아들 없이 사망하자 프랑스 루이 11세는 영지 상속자가 단절되었을 때 프랑스 왕실로 귀속되는 전통에 따라 부르고뉴를 왕실에 귀속시키려했다. 샤를 1세의 외동딸 부귀공 마리는 오스트리아 대공인 합스부르크의 막시밀리안 1세와 결혼하여 이러한 상황을 무산시켰다. 결국 부르고뉴는 벨기에, 네덜란드와 함께 합스부르크 가문으로 넘어가게 된다. 1482년 12월 23일에 막시밀리안은 프랑스 루이 11세와 아라스 조약을 체결하였다. 1435년 부르고뉴-프랑스가 맺은 아라스 조약과 같은 이름이다. 프랑스는 부르고뉴 공작령과 피카르Picardie를 차지하게 되었고 대신에 막시밀리안은 플랑드르, 네덜란드, 룩셈부르크를 차지했다. 그리고 1678년 프랑스가 남은 부르고뉴 지역을 합병할 때까지 이 지역은 30년 전쟁 등 지속적인 전쟁에 휩싸이게 된다.

와인이 된 잔 다르크의 라이벌

프랑스에 잔 다르크가 있다면 잉글랜드에는 존 탤버트John Tal-bot 장군이 있었다. 백년 전쟁 당시 잔 다르크의 라이벌이었으며, 그녀가 등장하기 전까지 잉글랜드군의 총사령관으로 프랑스를 궁지로 몰았던 인물이다. 무엇보다 당시 프랑스 왕세자였던 샤를 7세가 있던 오를레앙 포위전에서 프랑스를 절체절명의 위기까지 빠트린 인물이다. 하지만 여기서 잔 다르크가 혜성처럼 등장해 처절한 전투 끝에 탤버트 장군을 물리치고, 포로로 잡아버린다. 약 4년 동안 포로로 지낸 탤버트 장군은 포로 교환으로 다시 잉글랜드로 돌아온다.

그가 유명해진 것은 백년 전쟁의 마지막 전투인 보르도 탈환에서 목숨을 걸었기 때문이다. 당시 보르도는 잉글랜드의 최후의 보루와 같은 곳이었다. 이미 300년 가까이 지배하고 있던 곳이었고, 이곳에서 생산되는 와인은 대부분 잉글랜드로 수출하고 있었다. 하지만 1451년에 이 지역마저 잉글랜드는 프랑스에게 빼앗겨 버린다. 보르도 시민들은 잉글랜드 왕실에 프랑스로부터 이 지역을 탈환해달라고 요청한다. 잉글랜드가 진다면 자신들의 고객이 사라지기 때문이다. 그래서 탤버트 장군을 총사령관으로 삼아 잉글랜드군은 원정을 가게 된다.

이 과정에서 보르도 시민들은 프랑스 수비대를 내쫓고, 잉글랜드군을 열렬히 환영한다. 이때 보르도인의 정체성은 프랑스인보다는 잉글랜드인에 더 가까웠다. 프랑스 왕실이 잦은 전쟁으로 와이너리들에게 많은 세금을 부과한 것도 큰 이유였을 것이다. 그리고 백년 전쟁의 마지막 전투가 이뤄진다. 보르도 도심에서 약 50km 떨어진 곳에서 벌어진 카스티용 전투Battle of Castillon다. 당시 잔 다르크를 사로잡고 죽음으로 몰아낸 부르고뉴는 이번에는 영국을 배신하고 다시 프랑스 왕조와 연합하여 이곳으로 함께 쳐들어 온다. 결국 탤버트 장군은 70세의 나이로 이곳에서 전사하게 된다. 40년 가까이를 전장에서 보낸 그의 최후였다. 이 전쟁으로 프랑스와 영국의 116년 간의 전쟁은 마무리가 된다. 와인으로 시작해 와인으로 끝난 백년 전쟁이 끝나는 순간이었다.

보르도인들은 자신들의 고향을 탈환하려 노력한 탤버트 장군을 기리기로 한다. 그래서 그의 이름을 딴 와인을 만드는데, 그것이 샤토 딸보Chateau Talbot다. 보르도 최고급으로 꼽히는 그랑크뤼 4등급에 속하는 와인이다. 2002년 당시 히딩크가 그의 연인과 함께 마신다고 해서 더욱 유명해졌다.

21

네덜란드,
보르도 와인의
중심에 서다

1453년, 잉글랜드와 프랑스의 백년 전쟁은 프랑스의 승리로 끝난다. 300년여 간 잉글랜드의 지배를 받던 보르도 지방은 프랑스 왕가에 귀속된다. 백년 전쟁 이전까지만 해도 보르도는 봉건 사회에서 나름대로 자치를 인정받았었다. 하지만 프랑스 왕가에 귀속되고, 프랑스 왕가가 절대 왕정으로 가는 과정에서 보르도는 1458년부터 1675년까지 프랑스 왕가의 지배에 꾸준히 저항한다. 그동안 그들의 고객은 프랑스가 아닌 잉글랜드였기 때문이다. 하지만 잉글랜드는 이미 떠난 상태였다.

그래서 그들은 북유럽 쪽 시장을 개척하기로 한다. 북해·발트해 연안의 독일 여러 도시가 뤼베크를 중심으로 상업상의 목적으로 결성한 한자 동맹Hanseatic League과 거래를 한다. 그 과정에서 자연스럽게 네덜란드 상인이 보르도에 정착한다. 당시 한자 동맹에는 런던도 포함되어 있어서 잉글랜드로의 수출이 네덜란드 상인에 의해 다시 활발해진다.

16세기, 보르도 와인 인기가 높아지면서 수요에 비해 와인 생산량이 부족해진다. 무엇보다 포도를 재배할 땅이 부족했다. 그러자 보르도인은 거래하던 네덜란드 상인에게 방법을 부탁하는데, 여기서 네덜란드인다운 발상이 튀어나온다. 바로 간척이다. 대서양으로 연결된 지롱드강의 늪지대 주변을 매립하자는 것이었다. 원래 백년 전쟁 당시 이쪽은 강을 바라보는 요새가 있던 곳이다. 이렇게 메워진 충적토는 포도 재배에 최고였다. 물이 빠져나가자 자갈 토양이 드러났고, 이는 배수가 잘되는 환경을 만들었다. 이 때 자리잡은 와인 산지가 바로 메독Medoc이다. 샤토 마고, 샤토 라투르, 샤토 라피트 로칠드, 샤토 무통 로칠드까지 특급 와이너리가 있는 곳은 이렇게 탄생했다.

흥미로운 것은 당시의 보르도 와인은 지금과 무척 달랐다는 것이다. 15~16세기 이전 와인은 클라레Claret라고 불리는 선분홍색의 로제 와인 스타일이었다. 하지만 1533년에 장 드 폰택이 보르도 남쪽 그라브 지역에 와이너리를 만든다. 이곳에서 만들어진 와인이 바로 그 유명한 샤토 오브리옹Chateau Haut-Brion이다. 이곳에서 진한 붉은색에 바디감 있는 와인이 만들어지며 17세기에 이르러 보르도 와인 스타일로 굳어진다. 보르도 와인은 클라레 와인에 질린 영국인의 입맛을 사로잡으며 최고급 와인으로 떠오른다. 지금의 보르도 레드 와인 스타일이 여기서 나온 것이다.

보르도 와인이 처음부터 고급 와인의 이미지를 갖추진 않았다.

보르도 지방의회 초대 의장인 아르노 드 퐁탁이 고급화의 길을 주도하며 이미지가 바뀌기 시작했다. 아무리 좋은 와인을 만들어도 와인 유통업자인 네고시앙이 다른 와인과 내용물을 섞어서 팔았다. 그런 문제로 골머리를 앓던 퐁탁은 자신들의 와인 가격을 두 배로 올려버린다. 그리고 오크통에 네이밍을 정확히 각인해서 판매한다. 초기에는 네고시앙들이 지금까지 하던 대로 다른 제품들과 섞어서 팔았지만, 이내 이곳 와인이 특별하다는 것을 알고 브랜드를 그대로 노출해 판매한다. 결국 가격을 높인 정책이 오히려 차별화를 이끌면서 명성을 떨치게 만들어 준 것이다.

이렇게 보르도 와인들이 최상위 와인으로 명성을 떨쳐가는 가운데 1855년 나폴레옹 3세는 보르도 메독 지역을 중심으로 6,000여 개 와이너리 중 최고인 61개 와이너리를 선출한다. 최초의 와인 등급제라고 볼 수 있다. 이처럼 지금 보르도 와인은 백년 전쟁의 전후 영국에서의 소비, 네덜란드인으로 시작한 간척 사업, 마케팅 기법, 그리고 프랑스의 재배 환경이 더해서 만들어졌다. 그렇기 때문에 역사적 배경을 알고 나면 와인을 단순한 프랑스의 전유물이라고 보기 어렵다.

네덜란드의 역사를 바꾼 청어

네덜란드인이 이렇게 상업에 밝았던 이유는 그들이 당시 자본주의 발전의 앞에 서있었기 때문이다. 자본주의에서 가장 화려한 부분을 담당하는 산업은 주식시장일 것이다. 한국에서만 거래되는 하루 평균 금액은 약 20조 원이다. 엄청난 돈이 거래되고 있는 시장이다. 주식시장에서 가장 중요한 콘텐츠는 당연히 주식회사다. 가장 많이 거래되는 것이 회사의 주식이기 때문이다. 주식회사는 말 그대로 주주가 비용을 투자하여 만든 형태다. 많은 자금을 투자한 주주는 큰 권한을 가져가고, 소액을 투자한 주주의 권한은 작아진다. 정치에 있어서 민주주의는 모두가 한 표지만, 자본주의는 민주주의와 결을 달리한다. 좋게 이야기하면 합리적, 나쁘게 이야기하면 매몰차다고 볼 수 있다. 그리고 주식회사, 나아가 증권거래소 등을 만든 나라가 바로 네덜란드다.

네덜란드가 주식회사를 만든 계기는 간단하다. 네덜란드 역사에서 늘 등장하는 청어 사업 덕분이었다. 원래 이 청어는 주로 발트해에 서식하면서 한자 동맹의 번영을 이끌었다. 하지만 회유성 어종인 청어는 서식지를 북해로 바꾸게 된다. 그러면서 발트해의 한자 동맹은 기세가 꺾이고 청어라는 수혜를 얻은 네덜란드가 떠오르게 된다. 네덜란드는 청어로 자본을 축적한 뒤 스페인으로부터 독립까지 한다. 물고기 하나가 역사를 바꾼 것이다. 16세기 네덜란드 인구는 약 100만 명인데, 그중 30만 명이 청어잡이에 종사할 정도였다.

청어로 자본이 생긴 네덜란드는 대항해 시대에 맞춰 스페인, 영국과 신대륙 진출 경쟁을 해야 했다. 그래서 거대한 자본이 있는 회사가 필요했던 이들은 네덜란드의 선박 회사들을 합병시킨다. 그리고 각각의 선주가 투자한 만큼 지분을 가지게 된다. 이렇게 모인 자본으로 근대 최초의 주식회사인 동인도 회사를 세우게 된다. 이후 자금줄을 대는 중앙은행, 주식을 가지고 거래를 할 수 있는 증권거래소가 차례차례 세워진다.

22

프랑스 코냑 산업에도 기여한 네덜란드

흥미로운 것은 네덜란드인이 유럽의 술 발전에 지대한 역할을 했다는 것이다. 와인, 코냑, 맥주, 진까지 섭렵했다. 어떻게 그들은 유럽 술 발전을 주도할 수 있었을까? 네덜란드인은 단순히 와인에만 머물지 않았다. 와인을 압축해 증류주 코냑Cognac을 만들어 영국에 팔았다. 코냑은 프랑스의 지역 이름이다. 이곳에서 나오는 대표 증류주가 브랜디였고, 자연스럽게 코냑은 지역명보다 술 이름으로 유명해진다.

코냑은 등급 표기를 영어식 철자를 쓰고 있다. 기본적으로는 숙성연도를 나타내는 표시로 VS급은 'Very Special'로, 2년 이상 숙성시킨 원액으로 블렌딩한다. VSOP는 'Very Special Old Pale'로 4년 이상, XO는 'Extra Old'로 10년 이상(최근에 6년에서 10년으로 변경) 숙성시킨 등급을 의미한다. 오다주Hors d'âge라는 등급도 있는데 이는 XO 등급과 유사하다고 보면 된다. 최근에는 XXO라는 14년 이상의 새로운 등급도 등장했다. 이렇게 영어식 표기를 많이 쓰는 이유는 코냑의 최대 수출처가 20세기 초까지만 해도 영국이었기 때문이다. 포도가 잘 나지 않는 영국 입장에서 프랑스의 와인 및 코냑은 최고 사치품 중 하나였다. 헤네시는 영국 웨일스의 왕자(이후 영국 조지 4세)에게 헌상하기 위한 특별한 술을 만드는데, 이 술에 붙은 칭호가 'Very Special Old Pale'이라고 칭한 V.S.O.P가 나오게 된다. 코냑 등급의 시작인 것이다.

프랑스가 코냑을 발전시킬 수 있었던 것은 근처에 양질의 오크통을 수급할 수 있는 오크나무 재배지인 리무쟁 지역이 있었기 때문이다. 원래는 군함용으로 재배했던 오크나무지만, 무역이 성할수록 오크나무통으로 활용되었다.

코냑의 증류 기술은 스페인에서 유럽으로 북상했고, 13세기 순례길로 유명한 산티아고로 돌아온 십자군에 의해 프랑스 남부 지방까지 알려진 것이라고 전해진다. 이때 교황 클레멘스 5세는 1299년 증류한 와인, 즉 브랜디를 처음으로 치료제로 마시게 된다. 그리고 이러한 브랜디를 생명의 물, 라틴어로 아쿠아비테라고 불렀고, 이후에 오드비Eau-de-vie라는 프랑스어로 증류주를 뜻하는 단어로 이어지게 된다. 영국의 가정에서는 우리나라의 청과 비슷한 코디얼Cordial이란 음료를 자주 만들었는데, 당시의 코디얼은 브랜디에 당분과 허브를 넣어 마시는 것이었다. 영국은 이제 막 증류한 코냑 원액을 수입하고 영국에서 숙성해 판매도 했다. 이러한 코냑을 얼리 랜디드 코냑Early landed cognac이라고 불렀다. 증류는 프랑스에서, 숙성은 영국에서, 판매는 네덜란드가 하는 독특한 문화가 탄생한 것이다.

코냑 지방은 프랑스 중서부를 흐르는 샤랑트강으로 대서양까지 연결이 되며 영국으로 술을 수출한다. 네덜란드인은 샤랑트강의 하구인 라로셸La Rochelle 에서 주로 소금을 거래했다. 그들의 와인은 풍미가 약하고 조금 품질이 떨어졌다. 저장에 문제가 있어서, 늘 클레임이 끊이지 않았다. 고민 끝에 그들이 선택한 방식은 바로 와인을 증류하는 것이다. 증류를 하니 알코올 도수가 높아져 상할 염려가 사라졌다. 그래서 선착장에서 하역 후에 물을 추가해서 와인처럼 팔았다. 마치 무거운 파일을 압축해서 이메일로 보내는 것과 같은 효과였다. 네덜란드인 입장에서는 꿩 먹고 알 먹기였다.

네덜란드의 투 트랙 전략

네덜란드인은 좋은 와인은 좋은 와인대로 열심히 팔았다. 대표적으로 루아르 계곡의 와인과 보르도 와인이다. 고가의 와인은 그대로 팔되, 품질이 낮은 와인만 증류주로 팔았다. 이른바 투 트랙 전략이었다. 그리고 코냑은 그대로 영국으로 수출되었다. 당시 영국은 위스키 산업이 확산되지 않아 세계 최고의 코냑 소비처이기도 했다. 코냑이 번성을 하기 시작한 17~18세기에는 유럽은 구교와 신교, 부르봉 왕조와 합스부르크 왕조, 영국과 프랑스의 미 대륙 및 인도의 패권을 둘러싼 전쟁이 끊이질 않았다. 실질적인 세계 대전이라고도 이야기하는 30년 전쟁은 물론 합스부르크 왕조와 프랑스의 스페인 왕위 계승 전쟁, 오스트리아 왕위 계승 전쟁, 7년 전쟁 등 그들의 패권 다툼은 끝이 없어 보였다.

이때 네덜란드 특유의 상인 정신으로 둘 사이에서 줄타기를 하며 비즈니스를 성공리에 이끌었다. 물론 영국과 네덜란드의 분쟁이 없었던 것은 아니다. 1652년부터 1674년까지 3번에 걸쳐, 그리고 1780년부터 1784년까지 지속적인 분쟁이 발생한다. 하지만 한 번도 본토를 침략한 적도 없고, 또 명예혁명 이후 영국은 네덜란드의 귀족 윌리엄 3세를 왕으로 초빙하기까지 한다. 전쟁은 전쟁이고 비즈니스는 비즈니스였다. 그것이 네덜란드인이다. 코냑 지방은 1651년 프랑스의 적을 무찌르는 데 공헌을 한다. 이에 루이 14세는 코냑 지방에서 나오는 와인과 증류주에 부과되는 세금을 면제해 준다. 이러한 경제적 이점을 살려 코냑은 주변 지역을 뛰어넘는 경제적 발전을 이루게 되면서 수출품 전체를 아우르는 지역의 무역 중심지가 된다.

참고로 네덜란드는 1384년부터 1482년까지 부르고뉴 공국령이었다. 당시만 해도 아직은 봉건 시대로, 영주와 왕의 계약 관계가 유지되던 때다. 부르고뉴는 프랑스 내에서 최고급 와인을 만드는 지역이다. 어쩌면 이때 네덜란드인은 부르고뉴를 통해 와인의 가치를 알았을지도 모르겠다. 이때부터 부르고뉴 와인이 피노누아로 통일해 고급화 전략을 시도했기 때문이다.

비즈니스의 주축,
네덜란드에서 영국으로

17세기 말에는 영국에서 명예혁명이 일어나게 되는데 이때 쫓겨난 왕 제임스 2세가 프랑스로 망명을 하게 되면서 코냑 무역이 줄게 되고, 네덜란드 출신 윌리엄 3세는 영국에 자국의 술인 진Gin을 보급시킨다. 하지만 밀수는 계속되고, 결국은 아일랜드 및 영국인이 코냑의 사업을 직접 하게 된다. 네덜란드인이 시작한 사업을 결국은 영국인이 빼앗은 것이다.

수출에 용이하게 샤랑트강 코냑 지역에 증류소를 만든다. 세계 코냑 시장의 39%를 차지한다는 헤네시는 아일랜드 출신의 장교였던 리처드 헤네시에서 출발했으며, 마르텔Martell의 경우 영국해협의 채널 제도의 저지섬에서 온 존 마르텔이 창업자다. 나폴레옹이 세인트헬레나섬으로 유배를 갈 때 가지고 갔다는 코냑 쿠루부아제Courvoisier는 원래 프랑스 기업으로 1809년에 설립되지만, 1909년 영국에서 와인 및 증류주 사업을 하던 영국의 사이먼 가문이 인수를 하게 된다. 고급 코냑으로 유명한 하디Hardy사도 1863년 영국인 엔소니 하디가 세운 증류소다. 바롱 오타르Baron Otard 역시 아일랜드 계열이다. 다만 이 기업들이 철저히 프랑스식을 따른 이유는 프랑스라는 브랜드를 활용하면 제품을 고가로 판매할 수 있었기 때문이다. 본래 국적과 관계없이 자본주의에 따른 결정이었다. 코냑에 영문 표기가 나오게 된 이유도 이러한 배경이 있어서였을 것이라고 예상해본다.

현재 코냑의 제1 수출국은 미국, 그리고 중국이다. 영국은 이들에 이어 3위다. 흥미로운 지점은 정작 프랑스에서는 코냑을 적게 마신다는 것이다. 영국의 반도 안 되는 연간 450만 병을 소비하는 대신, 생산량의 95%를 수출한다. 미국과 중국이 코냑을 다양한 칵테일 형태로 즐긴다면, 프랑스에서는 너무 격식을 따지기에 트렌드에서 멀어진 것이라고 전문가들은 이야기한다. 코냑은 자국의 소비보다는 해외 수출이 사업의 사활을 쥐고 있어서 등급 표기 등도 영어식으로 할 수밖에 없다.

23

독일이
맥주의 종주국이 된 이유

와인의 종주국은 프랑스이며, 맥주의 종주국은 누구나 다 아는 독일이다. 독일이 맥주 종주국이라고 할 수 있는 이유는 세계 최초의 식품위생법인 맥주 순수령Reinheitsgebot을 발포했기 때문이다. 1516년, 독일의 바이에른 공국에서는 맥주는 보리(보리 맥아), 물, 홉으로만 만들어야 한다는 법령을 공포했다. 독일 국민은 이 법령을 존중하며, 자국의 자랑스러운 문화로 만들어가고 있다. 독일에는 맥주 종류가 6,000개 이상이며, 각각의 작은 양조장이 각자의 문화를 지키고 있다고 한다. 하지만 최근 전문가들 사이에서는 맥주 순수령이 무조건 좋다고만 말을 하지 않는다. 얻은 것이 있으면 잃은 것도 있다.

독일이 맥주 순수령을 공포했다고 하지만, 엄밀하게 말하면 독일 내에 있었던 바이에른 공국의 법령이다. 옛 서독의 수도였던 뮌헨이 바이에른 공국의 주도였다. 당시 독일은 신성로마 제국의 여러 제후국으로 이루어져 있었고, 지금과는 무척 다른 모습이었다. 맥주 순수령이 공포된 대표적인 이유는 맥주의 품질을 지키기 위한 것이었다. 당시에는 홉 이외에도 중독, 환각 작용을 일으킬 수 있는 식물성 재료(그루트)를 넣는 경우도 있어, 마신 사람이 죽거나 병에 걸렸다. 홉은 환각이나 중독 작용은 당연히 없고, 다양한 풍미가 있었으며 살균 작용을 해서 맥주의 품질 유지에 도움을 줬기에 대체 원료로 뽑혔다.

사실 다른 이유가 더 있긴 했다. 첫째, 당시 그루트Gruit라는 식물성 재료의 전매권을 가진 교회와 영주라는 기득권층이 있었다. 그들은 이것을 독점하여 부와 권력을 유지하려는 수단으로 사용했다. 그렇기 때문에 그루트를 홉으로 바꾼 것은 기득권 싸움이라는 해석도 있다. 둘째, 맥주 순수령 이전에는 밀과 호밀로도 맥주를 많이 만들었는데, 이로 인해 밀과 호밀의 가격이 많이 올랐다. 주식인 밀 가격을 지키기 위해서였다는 주장도 있다. 그리고 제빵업계와 양조장 간의 갈등을 무마하기 위함도 있었다. 결국 제빵은 밀이나 호밀로, 맥주는 보리로 만들기로 했다. 셋째, 귀족들의 이득을 챙기기 위해서였다. 당시 보리의 전매권은 바이에른 공국의 귀족들이 가지고 있었다. 맥주의 원료로 보리가 선택된 배경에는 그들의 배를 채우기 위한 것도 있었다.

바이에른 공국의 맥주 순수령에서는 맥주의 주원료를 보리로만
하라고 했다. 하지만 현재 독일에는 수많은 밀 맥주가 있다. 바이스
비어, 바이젠 비어들이 대표적이다. 맥주 순수령에 위반된 이 맥주
들은 어떻게 지켜져 왔을까? 사실 밀로 만든 맥주는 특권층을 위한
제품이었다. 정작 맥주 순수령을 내린 바이에른 공국에서도 귀족들
등 특권층은 밀 맥주를 마실 수 있었다. 나중에는 아예 밀 맥주 독점
권까지 만든다. 결국 법령을 내린 지배 계층이 스스로 약속을 어긴
것이라는 평도 있을 정도다.

뮌헨을 중심으로 한 바이에른 공국의 맥주 순수령이 독일 내 퍼
진 것은 엄밀히 말하면 1871년 독일 통일 이후다. 그전에는 각각의
지역에서 다양한 맥주를 만들었다. 독일의 통일을 주도적으로 진행
한 나라는 프로이센이었다. 19세기 초 프로이센은 나폴레옹을 세인
트헬레나섬으로 유배시킨 최후의 전쟁, 워털루 전투와 그 이후의 보
불전쟁에서도 승리하는 등 독일의 크고 작은 국가들 가운데 가장 영
향력이 컸다. 무엇보다 당시 최고의 재상이자 전략가라고 불리던 비
스마르크가 있던 곳 역시 프로이센이었다. 바이에른 왕국은 보불전
쟁 때 프로이센과 연합하여 프랑스에 대항했고, 결과적으로 승전국
의 이득권을 가져갔다.

이에 프로이센은 독일 제국이란 이름으로 통일을 추진하는데,
이때 바이에른 공국(당시 왕국)이 독일 제국에 들어가면서 꼭 지켜달
라고 했던 것이 맥주 순수령이었다. 그래서 통일 독일에서는 맥주
순수령이 기초 법안으로 선택되고, 대부분의 양조장에서는 이 법률

에 따라 맥주를 빚었다. 하지만 제2차 세계대전 이후, 맥주 순수령은 법률로써의 기능을 잃는다. 당시 유럽공동체(EC) 가맹국들이 독일만 맥주의 원료를 한정한다는 것은 비관세 장벽이 있다는 주장을 하여 의회로 제소가 된다. 이에 주장이 받아들여지면서, 1987년 순수령은 비합법화로 전환된다. 맥주 순수령은 법률로써의 기능은 잃고 문화적 상징으로 남게된다. 다만 독일의 양조장들은 여전히 이 순수령을 따르는 곳이 많다.

확실한 것은 법령 하나가 산업과 문화를 죽일 수도 살릴 수도 있다는 것이다. 그만큼 어마어마한 위력을 발휘한다. 우리가 맥주나 전통주를 떠나 법령 하나를 제정할 때 꼼꼼하게 따지고 관심을 가져야 하는 이유가 여기에 있다.

24

맥주 산업과 냉장고 발명에도 기여한 네덜란드

네덜란드인은 맥주 산업에도 기여했다. 맥주의 원료를 이야기하면 기본적으로 보리(맥아), 물, 홉을 이야기한다. 홉을 넣는 이유는 그 자체가 천연방부제 역할을 하며 보존기간을 늘려 주기 때문이다. 또 홉에서 나오는 다양한 향이 맥주의 맛을 상쾌하게 해 주는 부분도 있다. 하지만 원래 홉은 마이너한 품목이었다. 그 대신 그루트라고 하여 다양한 허브를 넣은 게 중세와 르네상스 시대까지만 해도 대세였다. 이 유행은 맥주 순수령에 의해 점차 사라져간다. 17세기 영국과 교역이 많았던 네덜란드는 이 홉이 들어간 맥주를 영국에 알리게 된다. 이를 통해 이전까지 홉을 사용하지 않은 영국의 맥주에 홉이 들어가게 되고, 버튼 온 트렌트Burton-on-Trent 지역에서 맥아를 직화로 굽지 않아 맑은 색을 내는 페일 에일이 등장한다.

그리고 이 페일 에일을 독일 뮌헨 출신의 제들 마이어와 빈에서 온 안톤 드레허가 몰래 자국으로 가져와 라거 맥주 공법을 탄생시킨다. 그리고 제들 마이어는 독일의 맥주 축제인 옥토버페스트의 대표 맥주 슈파텐Spaten Munchen을 만든다. 제들 마이어는 뮌헨의 슈파텐Spaten 양조장 주인 아들이기도 했다. 슈파텐은 칼폰 린데라는 과학자를 지원했고, 칼폰 린데는 냉장고를 발명하게 된다. 드디어 맥주를 제대로 시원하게 마시는 문화가 퍼진 것이다. 더운 여름에는 저온 발효가 어려워 여름에 문을 닫았던 맥주 양조장이 4계절 양조로 바뀌는 순간이었다. 그러면서 라거 효모가 체코의 플젠 지방에 전해지고, 이를 통해 나온 것이 필스너 맥주다.

우리가 일반적으로 마시는 카스, 하이트, 버드 와이저 등은 모두 이 필스너 맥주이며, 이때 유리 기술이 급속도로 발전하게 되면서 지금처럼 유리잔에 맥주를 마시는 문화가 확대된다. 이로써 이전까지 쾌쾌한 색이었던 맥주가 황금빛으로 바뀌면서 현대의 맥주 문화가 드디어 생기게 된다. 네덜란드는 유럽에서 가장 합리적이고 개방적인 나라라고 불린다. 다양한 인종은 물론 종교, 의료, 젠더 문제까지도 관용적인 편이다. 대항해 시대의 식민지 정책에서도 다른 유럽 국가와 달리 현지의 종교를 적극 권장하기도 했다. 이렇게 그들이 관용적일 수 있는 이유는 경제를 매우 중요시했기 때문이다. 그들이 유럽의 술 비즈니스를 이끈 이유는 '술은 좋은 비즈니스'이기 때문이다.

25

명예혁명,
음주로 인한
사회적 문제를 야기하다

한국의 대표적인 약술이라고 한다면 아마 인삼주를 들 수 있을 것이다. 소주에 인삼을 침출하면 그 약용 성분이 술에 들어간다. 실제로 인삼과 술을 같이 섭취하면 당연히 인삼의 약용 효과가 나타난다. 알코올은 몸에 흡수가 빠른 만큼, 눈에 보이는 효과도 크게 느껴진다. 서양에서도 그리스나 로마 시대에 약술이 존재했는데, 그중 가장 상품화가 많이 된 술이 바로 진Gin이다. 이는 1660년에 네덜란드의 의학 교수인 프란시스쿠스 실비우스가 만들었는데, 해열 및 이뇨 작용을 돕는 노간주나무 열매를 활용해서 만들었다. 빠른 흡수를 돕고자 맥주에 넣어 증류해서 약용으로 쓰였으며, 초기에는 약국에서만 판매했다.

명예혁명 덕분에 네덜란드의 진은 잉글랜드로 가게 된다. 명예혁명은 유혈사태가 없어서 붙여진 이름이다. 당시 의회와 대립하던 제임스 2세를 네덜란드 귀족인 오라네공 빌럼이 프랑스로 망명을 보내 버린다. 오라네공 빌럼은 이후 잉글랜드의 국왕 윌리엄 3세가 된다. 윌리엄 3세는 프랑스산 코냑 수입에 제한을 걸었다. 코냑을 대체할 새로운 술에 대한 수요가 잉글랜드 내에서 들끓으니 네덜란드의 진은 잉글랜드로 자연스럽게 진출하게 된다. 그렇게 해서 태어난 것이 바로 런던 진이다. 일반적인 진은 노간주나무 열매 대신 향료도 넣거나 설탕을 넣는 진도 있다. 이와 달리 런던 진은 드라이한 맛을 자랑하며, 맛이 깔끔했다. 영화 〈007〉 시리즈에 등장하는 마티니나 진토닉 등이 대표적인 진으로 만든 칵테일이다.

18세기 진은 영국에서 엄청나게 유행한다. 면허 없이 만들 수 있었기에 조악한 제품도 많았다. 증류소가 수백 개가 생겨났으며, 가격 경쟁을 하다보니 가격도 계속 내려갔다. 당시의 진 가격은 지금으로 치면 약 3~4,000원이다. 기록을 보면 1주일에 1.2L의 진을 마셨다고 한다. 술을 너무 많이 마시다 보니 결국 사회적 문제를 야기하게 된다. 1페니로 진을 마시면 취할 수 있지만, 2페니면 죽을 수 있다는 말까지 나왔다. 그만큼 영국은 18세기 전반까지 진에 미쳐버렸고, 사회·의학적 문제로 골머리를 앓는다.

진 이전에는 당밀로 만든 럼주도 인기가 있었다. 미국이 독립하고 유럽이 나폴레옹 전쟁기에 들어가자 영국은 아이티 및 서인도 제도를 프랑스에게 빼앗겨서 당밀 공급이 끊긴다. 영국인들은 럼의 대체제를 확보하기 위해 새로운 술을 찾았는데, 여기에 진이 등장한 것이다. 결국 영국 정부는 진에 붙는 주세를 높인다. 소매상에 붙이는 세금을 4배나 올리려고 하자 폭동이 일어나는 등 사회적으로 계속 불안정했다. 결국 세금은 다시 내리되, 허가받은 곳에서만 팔 수 있게 한다. 예전에는 단맛으로 맛을 많이 가렸는데, 나중에는 기술도 좋아져서 단맛이 적고 풍미가 좋은 런던 드라이 진이 나올 수 있게 되었다. 이 공법으로 만들면 서울에서 만들어도 런던 드라이 진, 파리에서 만들어도 런던 드라이 진이 되는 것이다. 제조 장소에 따라 술의 이름이 달라지는 게 아니라, '런던 드라이 진'이 공법 자체의 이름이다.

말라리아로 인해 태어난 진토닉

진의 발달은 진토닉의 발명으로 이어진다. 다른 많은 술과 마찬가지로 진토닉도 약술로 시작되었다. 19세기 당시 진은 영국 군인에게 공급되는 주류였다. 당시 대표적인 영국의 식민지는 인도였는데, 말라리아가 극성이었다. 말라리아 치료제인 퀴닌Quinine은 맛이 너무 강했다. 그래서 이 퀴닌을 토닉과 같은 탄산수와 진에 넣고 마신 것이 진토닉의 시작이다. 참고로 토닉은 '힘을 내게 하다', '톤을 높이다' 등에서 유래한 단어로, 우리나라의 자양강장제와 같은 느낌이라고 볼 수 있다. 진이 유명해진 것은 영국 내에서 많이 마셨고, 영국 해군의 술로도 활용되며 전 세계를 누볐기 때문이다. 또 바Bar 문화가 발전하면서 칵테일의 베이스가 되는 술로 많이 사용되었다. 독한 진을 그대로 마시는 문화보다는 탄산수나 칵테일로 알코올 도수를 희석하여 편하게 즐긴 것이 진의 세계화를 이뤘다고 볼 수 있다.

26

기독교 문화와
이슬람 문화의 융합,
스페인의 셰리 와인

원래 스페인은 스코틀랜드의 위스키, 프랑스의 코냑 등 서유럽의 증류주에 큰 영향을 끼친 나라다. 8세기부터 15세기까지 연금술이 발달한 아랍권의 영향에 있었기 때문이다. 그 연금술로 인해 증류주가 발달했고, 이후 위스키, 코냑은 물론 보드카, 럼주에 우리나라 소주 제조에까지 영향을 미치게 된다.

스페인에는 이슬람의 영향을 받은 독특한 와인이 하나 있다. 바로 서양의 와인과 이슬람의 연금술에서 유래한 증류주를 섞은 술, 셰리 와인 Sherry wine 이다. 셰리 와인이란 스페인 남부 안달루시아 카디즈 지방의 주정 강화 와인이다. 카디즈 주변에서 생산되어 와인에 알코올을 강화하여 산패를 방지하고, 유통기한을 늘린 와인이다. 포르투갈의 포트 와인, 마데이라 와인과 더불어 3대 주정 강화 와인으로 명성을 떨치고 있다. 이러한 주정 강화 와인은 기독교와 이슬람이 섞인 문화라고도 볼 수 있다.

물론 스페인이 처음부터 주정 강화 와인을 만든 것은 아니었다. 앞서 설명했듯 기원전 1100년경, 페니키아인이 포도를 재배하고 와인을 생산했다는 기록이 있다. 고대 로마에 전해질 때 운송 중에 산패되지 않게 하기 위해 아예 끓여서 조청처럼 만들었다는 내용도 보인다. 이 와인에 물을 타서 마신 것이 셰리 와인의 시초이기도 하다. 하지만 8세기부터 본격적으로 아랍인이 이베리아 반도를 지배했기에, 이때부터 서서히 증류 방식이 전파되었다고 보는 것이 역사학자들의 의견이다.

셰리 와인이 본격적으로 역사에 등장한 것은 영국 덕분이다. 백년 전쟁으로 프랑스에서 와인 수입이 곤란해진 영국은 아랍인을 몰아낸 이베리아 반도의 헤레즈 지역에 관심을 가진다. 14세기 전반, 헤레즈 지역의 와인은 영국으로 본격적으로 수출되며 성장세를 보이게 된다. 그러면서 헤레즈라는 이름이 영국인의 발음으로 셰리 와인이 된 것이다. 참고로 셰리 와인은 짙은 갈색을 띠고 있어 레드 와인의 일종이라고 보기 쉽지만 화이트 와인이다. 오랜 세월 오크통에 있다 보니 오크나무의 색과 숙성으로 인해 색이 진해져 레드 와인처럼 보이는 것이다. 참고로 셰리 와인은 영어식 명칭으로, 현지에서는 헤레스 지방의 와인이라는 뜻에서 피노 데 헤레스라고 불린다.

흥미로운 것은 셰리 와인이 전 세계 일주를 한 최초의 와인이라는 것이다. 약 60일간의 항해로 아메리카 대륙을 발견한 콜럼버스, 2~3년간의 항해를 통해 지구가 둥글다는 것을 알린 마젤란 역시 셰리 와인을 가져갔다. 당시 유럽에서 와인은 빠질 수 없는 음식이었다. 오랜 바닷길에 산패되지 않은 와인은 든든했던 존재였다. 셰리 와인은 높은 도수로 잘 상하지 않는 와인이었기에 콜럼버스, 마젤란이 미지의 세계로 갈 수 있었던 것이다. 현대 셰리 와인의 알코올 도수는 16~22도 정도다. 도수가 20도가 넘으면 균의 생식이 거의 불가능해진다. 잘 상하지 않은 술이 되는 것이다.

우리나라에도 셰리 와인과 유사한 술이 있다. 바로 과하주라고 불리는 술이다. 임진왜란 당시 조선을 돕기 위해 명나라에서 파송된 이여송 장군은 지금의 김천에 머물면서 물을 맛보았는데, 물 맛이 자신의 고향에 있는 과하천과 같다며 강의 이름을 과하천이라고 지었다. 그리고 이 물로 빚은 술이 김천 과하주로 발전한다. 이 과하주 역시 셰리 와인처럼 알코올을 추가하여 저장성을 좋게 한 술이라는 점 또한 흥미로운 사실이다. 그래서 이름도 지날 과過, 여름 하夏, 술주酒로, 맛이 산패되기 쉬운 여름을 극복하는 술이라는 뜻도 있다. 현재 김천 과하주는 경북 무형문화재이자 식품명인인 송강호 명인이 빚고 있다. 찹쌀로 빚은 약주 16도와 맵쌀로 빚은 증류주 23도 두 종류를 빚는데, 23도짜리는 약주에 증류식 소주를 넣은 술로 기존의 저장성을 좋게 했다는 일반적 과하주와 제조법이 비슷하다.

알고 보면 이러한 셰리 와인이나 과하주와 비슷한 술이 다른 나라에도 꽤 있다. 대표적으로는 포르투갈의 포트 와인, 일본의 하시라쇼츄柱焼酎다. 모두 알코올을 천연 방부제처럼 사용한 것이다. 어떤 나라든 생각하는 것이 모두 비슷했던 듯하다.

27

프랑스 절대 왕정의 술 '샴페인'

프랑스 샴페인을 나타내는 표현 중에서 유명한 말이 하나 있다. 바로 "맛없는 프랑스 와인은 있어도 맛없는 샴페인은 없다."라는 말이다. 저가의 프랑스 와인 중에서는 원액을 해외에서 수입해 겉모양만 프랑스 와인으로 둔갑하는 경우가 많다. 또 너무나 많은 지역과 와이너리에서 만들다 보니 맛과 품질에 편차가 생길 수밖에 없다. 하지만 샴페인은 프랑스 북부인 샹파뉴-아르덴Champagne-Ardenne 지역에서 생산되는 포도로만 만들어야 한다. 또한 기본적으로 병내 재발효를 통해 탄산을 생성시키는 과정을 진행한다. 이렇듯 만드는 데복잡하고 제약이 많기에 쉽게 만들 수 있는 제품도 아니며, 타 지역에서 만들 수도 없다. 맛없는 프랑스 샴페인은 없다는 것은 바로 이러한 배경 때문이다.

샴페인이라는 단어는 프랑스의 샹파뉴Champagne 지방을 영어식으로 부른 것이다. 원래는 샴페인 와인으로 불렸지만, 이 지역이 워낙 와인으로 유명해서 줄여서 샴페인이라고 부르는 것이다. 우리는 보통 축하할 일이 있을 때 이 샴페인으로 축포를 터트린다. 왜 그럴까? 샹파뉴 지방에서 초대 프랑스 왕(당시 프랑크 왕국) 클로비스가 세례를 받았으며, 이 자리에 세계 문화유산인 랭스 대성당이 세워진다. 이곳에서 30명이 넘는 프랑스 왕이 대관식을 치렀다. 이처럼 샹파뉴는 원래 지역 자체가 프랑스 왕국의 시작이며, 축배의 지역이었다. 축하할 때도 자연스럽게 이 지역의 와인이 사용되었다. 샴페인은 나폴레옹의 일화로도 연결된다. 당시 나폴레옹의 기마 병단은 전쟁에 나갈 때 승리를 기원하기 위해 샴페인의 입구를 깨 축포를 터트려 사기를 진작시켰다고 한다. 이 일화로 축포로 승리를 기원한다는 의미도 생겼다.

축포를 터트리는 것은 샴페인을 대표하는 특징이지만 샴페인을 만들 때 가장 어려운 부분이기도 하다. 잘못하면 탄산의 기압으로 와인 병이 깨진다. 유리 병이 깨질 때 나는 소리는 한 번 들어본 사람만이 알 수 있다. 천지가 개벽하는 듯한 음이 들리며, 병 파편으로 주변 사람까지 다칠 수 있다. 그래서 이와 비슷한 위험이 있는 생막걸리 등은 터지지 않게끔 뚜껑에 틈을 줘서 발생된 탄산이 나가게 할 수 있게 한다. 처음에 사람들은 이 점을 '악마의 장난'이라고 할 정도로 싫어했는데, 막상 이렇게 된 와인을 마셔보니 그 속에 깨알 같은 탄산 맛이 입안을 자극하고, 용해된 탄산이 끊임없이 올라와

마치 별 속에 있는 듯한 느낌을 주었다.

샴페인은 일반적인 화이트 와인과 달리 '피노누아'라는 고급 적 포도 품종과 '샤르도네'라는 청포도 품종을 주로 사용한다. 피노누 아는 피노(솔방울)와 어둡고 검은색을 의미하는 '누아'가 합쳐진 단 어다. 검은색 열매가 달린 솔방울이라는 것인데, 샴페인을 만드는 품종에 청포도가 아닌 적포도도 있는 셈이다. 이렇게 적포도로 만든 와인을 블랑드 누아Blanc de noirs라고 부른다. 블랑은 화이트, 누아는 블랙이다. 검은 포도에서 착즙한 화이트 와인이라는 의미다. 90년대 인기리에 판매되었던 신사화 브랜드 브랑누아Blanc noirs 역시 이러한 의미가 있다. 청포도(일반적으로 샤르도네)만으로 만든 화이트 와인은 블랑드 블랑Blanc de Blanc이라고 불린다.

적포도로 만드는데도 화이트 와인과 같은 골드 빛을 가진 이유 는 간단하다. 바로 포도를 가볍게 압착하면 껍질 색이 배어들지 않 아 과즙만 나오기 때문이다. 예민한 작업인 만큼 공정에는 까다롭지 만, 이러한 과정이 오히려 샴페인을 더욱 고급스럽게 만들었다.

샴페인의 기반을 마련한 돔 페리뇽

샴페인 중에 가장 유명한 것을 꼽으라면 아마 돔 페리뇽Dom Pérignon일 것이다. 돔 페리뇽은 원래 피에르 페리뇽이라는 수도사의 이름에서 유래됐다. 그는 샹파뉴 지역의 베네딕도회 오빌리에Haut-villers 수도원에서 일생을 샴페인 개발에 몰두한 사람이다. 샴페인 병 내의 2차 발효를 통해 탄산을 용해하는 방법을 알아냈다. 이를 통해 현대적 샴페인의 기틀을 다졌다고 한다. 그래서 그에게 성직자의 최고 등급을 뜻하는 '다미누스Dominus'가 붙어 돔 페리뇽이라는 호칭이 붙여졌다. 이후에 돔 페리뇽은 고급 샴페인 명칭으로 사용되게 되었다. 다만 그가 샴페인을 처음으로 발명했다는 명확한 증거는 거의 없다.

하지만 그는 적포도에서 화이트 와인과 같은 맑은 과즙을 얻는 방법, 산지가 다른 포도를 섞어 브랜딩하는 오늘날의 아상블라주As-semblage 등의 방식을 만들어 냈다. 그는 포도를 수확하기 위해서는 이른 아침에 수확을 할 것, 포도나무를 정기적으로 자르며 수확량을 조절할 것, 수확한 포도를 정교하게 선별할 것과 같은 방법을 제시했다. 말년에 그는 프랑스 남부의 리무 와이너리를 다녀온 후, 샴페인을 만들기 시작한다. 이러한 그의 기법이 샴페인을 더욱 고급스럽게 만든 것은 확실하다.

28

샴페인에
탄산이 있는 이유

돔 페리뇽이 수도사로 일하기 5년 전, 1663년의 영국에서는 이미 발포성 샴페인을 마셨다고 한다. 당시의 샴페인도 지금과 같은 색이었을까? 기록을 보면 샴페인 역시 전통적으로는 레드 와인이었다. 다만 북위 50도에 이르는 추운 지방인 샹파뉴의 와인은 기후 조건이 좋은 부르고뉴 및 보르도 지역의 와인보다 품질이 좋기 어려웠다. 즉 레드 와인으로는 두 지역을 이길 수 없는 상황이었다. 그래서 샹파뉴의 와인 제조자들은 다른 방식의 와인을 생각해 낸다. 바로 적포도로 화이트 와인을 만드는 방식이다.

그들은 적포도를 살짝만 착즙해 핑크빛의 와인을 만들기 시작했다. 지금으로 이야기하면 레드 와인과 화이트 와인의 중간 형태인 로제 와인이다. 프랑스어로 뱅 그리 Vin gris 인 이 와인은 영국에서 큰 성공을 거뒀다. 이 와인에서는 탄산이 느껴졌는데, 프랑스에서 원액을 받아다가 유리병에 병입해 판매하는 과정에서 탄산이 나오게 된 것이다. 추운 샹파뉴에서 오크통 채로 와인을 받다 보니, 발효가 미처 다 끝나지 못하고 효모가 동면해 있었다. 추워서 알코올 발효가 멈춰진 상태였다. 영국에 도착한 와인은 하나하나 유리병으로 옮겨지게 되고, 이러한 상태에서 봄을 맞이하면서 동면하던 효모가 다시 깨어나게 되었다. 효모는 남은 당분을 먹으면서 알코올을 만들게 되었고 여기서 탄산이 나오게 된다. 이것이 바로 샴페인이 탄생한 계기다. 이 때문에 영국에서 샴페인이 시작됐다고 하는 것이다.

프랑스는 영국보다 발포성 샴페인의 등장이 늦었다. 프랑스에서는 1728년까지 와인의 유리 병입이 허용되지 않았기 때문이다. 당시는 오크통에 들어간 와인에만 세금을 적용하다 보니 와인을 유리병에 담는 것이 금지되거나 또는 궁정에서나 유리병 와인을 마실 수 있었다. 그래서 프랑스의 샴페인 기업들을 보면 1730년 이후에 생긴 곳들이 많다. 이러한 규제와 관련된 부분이라고 할 수 있다.

샴페인의 당도를 나타내는 브뤼

샴페인 라벨에서 브뤼Brut란 단어를 자주 볼 수 있다. 브뤼는 당도를 의미하는 말로 단맛이 적은 드라이함을 나타낸다. 18~19세기의 샴페인은 맛이 매우 달콤했다. 당시로는 설탕이 귀했기 때문에 이러한 단맛은 최고 수준의 디저트 술을 나타내는 증표이기도 했다. 영국에서는 이 샹파뉴 지역의 와이너리에 단맛이 적은, 드라이한 와

2장 술, 담다: 전쟁과 혁명

인을 주문한다. 그래서 샴페인에 사용되는 브뤼라는 당도 표기가 영국이라는 의미의 브리티쉬British와 연관이 있다는 설도 있지만, 확인된 바는 없다.

프랑스는 이 샴페인(샹파뉴)이라는 이름을 보호하기 위해 노력했는데, 프랑스 이외에 이 샴페인의 이름을 사용할 수 있는 곳은 스위스의 샹파뉴 지역이다. 이곳은 1974년 세계 무역기구로부터 예전부터 와인이 만들어졌다는 이유로 유일하게 샹파뉴Champagne라는 라벨을 사용할 수 있게 되었다. 물론 탄산이 없는 일반 와인이다.

다른 와인은 어떻게 만들어질까?

앞서 이야기했듯 샴페인은 적포도로도 만든다. 적포도로 샴페인을 만들 때 주의해야 하는 것은 적포도의 색소가 나오지 않게 해야 한다는 것이다. 그래서 160kg의 포도에서 102L까지만 즙을 짜낼 수 있게 법률로 정해져 있다. 그 이상을 짜면 붉은 색소가 나온다고 판단했기 때문이다.

레드 와인은 적포도와 포도 껍질을 발효하여 만드는 것이고, 껍질을 제거하면 화이트 와인도 만들 수 있다. 물론 일반적인 화이트 와인은 당연히 청포도로 만든다. 그렇다면 적포도를 조금만 발효하면 어떻게 될까? 이러한 경우에는 레드 와인과 화이트 와인의 중간이라고 불리는 로제 와인이 된다. 레드 와인과 화이트 와인을 섞어 만드는 경우도 있지만, 로제 와인은 적포도로 만드는 경우가 많다. 따라서 로제 와인은 레드 와인과 화이트 와인의 중간보다는 레드 와인에 더 가깝다고 볼 수 있다.

레드 와인과 화이트 와인의 제조상의 가장 큰 차이라면 껍질의 발효 유무일 것이다. 레드 와인은 껍질을 넣고 그대로 발효하지만, 화이트 와인은 껍질을 제거하고 발효를 한다. 한마디로 포도 알맹이로만 발효를 하는 것이며, 포도 씨 또한 맛이 써지기 때문에 모두 제거한다. 화이트 와인을 이렇게 포도 알맹이 중심으로 만드는 이유는 포도 열매가 주는 신선하고 상큼한 맛을 그대로 느낄 수 있기 때문이다. 이러한 맛은 생선의 비린내를 잘 잡아 준다. 마치 생선 요리에 레몬을 뿌리듯 말이다.

그렇다면 청포도로 화이트 와인을 만들되, 껍질까지 넣고 발효시키면 어떤 와인이 될까? 이렇게 만든 와인을 최근에는 오렌지 와인이라고 부른다. 이러한 이름이 붙게 된 이유는 와인 색이 오렌지 빛깔을 띠기 때문이다. 청포도의 껍질이 발효하면서 진한 감귤 색을 내는 것이다. 오렌지 와인은 기존 화이트 와인에 비해 맛이 묵직하고 떫다. 이는 발효된 껍질과 씨앗이 내는 맛이다. 그래서 화이트 와인 계열이지만, 육류와도 잘 어울린다. 아쉽게도 아직 오렌지 와인이라는 상품을 출시한 한국의 와이너리는 보지 못했다.

29

와인으로 촉발된 프랑스혁명

17~18세기 유럽에는 패권주의 전쟁이 많이 터졌다. 루이 14세가 즉위할 무렵 프랑스는 30년 전쟁에서 승리하여 알자스 로렌을 획득하는 등 최고의 전성기를 누리고 있었다. 그래서 즉위 초기 루이 14세는 많은 전쟁에 개입했고 상당 부분 승리를 쟁취했다. 스페인령 네덜란드로 진격하여 플랑드르 대부분을 석권하는 성과를 보여 주기도 했으며, 일부 남았던 부르고뉴 지역을 합병한 것도 그가 건재했을 때다.

하지만 너무 많은 전쟁에 개입한 그는 에스파냐 왕위 계승 전쟁 등에서 패배해 엄청난 부채를 다음 세대에 남기게 된다. 그가 누린 사치 역시 엄청난 부채의 원인 중 하나였다. 1661년에 친정을 강화한 이래 54년간에 걸쳐 37년간이나 전쟁을 일으켰다. 1680년에는 전쟁으로 1년 예산의 절반을, 치세 말기에는 거의 4분의 3을 사용했다. 재정 적자를 해결하기 위해 국채를 발행하고, 증세를 위한 각종 편법도 동원하고, 관직 매매도 했다. 하지만 1715년 루이 14세가 사망했을 때 국가의 부채는 무려 20억 리브르였다. 이에 따른 이자만 해도 8억 리브르에 이르렀다.

그 뒤를 이은 그의 증손자 루이 15세의 경우는 더 심각했다. 증손자가 왕위를 이은 이유는 루이 14세의 아들들이 대부분 그보다 일찍 죽었기 때문이었다. 루이 14세의 아들이자 왕태자인 그랑 도팽 루이, 왕태손인 프티 도팽 루이와 어머니 사보이아의 마리아 아델라이데는 모두 천연두로 사망했다. 1712년에는 그 형과 루이 15세마저도 천연두에 감염되었다. 이때 루이 15세의 형이 과도한 사혈 치료*로 죽었다. 그러자 형제의 가정교사였던 방타두르 공작 부인은 루이 15세가 있던 방문을 걸어 잠그고 필사적으로 사혈 치료를 막아 그의 목숨을 구했다. 결국 증손자 중 가장 어린 루이가 루이 15세로 즉위하게 된다. 그는 루이 14세보다 더욱 왕실 재정을 어렵게 만들었다.

증조부 루이 14세가 1715년 9월 1일에 사망하자, 당시 앙주An-jou 공작이었던 루이 15세는 5살의 나이로 즉위했다. 루이 14세는 오를레앙 공 필리프 2세가 섭정을 맡을 것을 비밀리에 유언으로 남

---

* 그리스 철학 및 의술에서 넘어온 이론이다. 신체에 네 가지 체액(피, 점액, 흑담즙, 황담즙)이 존재하며, 질병은 이 체액의 균형이 깨져 생기는 문제로 봤다. 환자의 피를 뽑는 것으로 신체 균형을 회복해 병을 치료한다고 했다. 다만 피를 몇 L씩 뽑아내는 게 다반사였기에 과다출혈로 죽은 사람들이 많았다.

겼다. 오를레앙 공은 권력을 독점하다시피 하며 근처 왕궁에 자리잡아 루이 15세를 감시했다. 일단 그가 해야할 일은 루이 14세가 남겨준 엄청난 부채를 해결하는 것이었다. 오를레앙 공은 스코틀랜드 출신 금융 전문가 존 로의 제안을 받아들였다.

그의 제안은 매우 파격적이었다. 바로 프랑스 최초로 지폐를 사용하자는 것이었다. 1716년 5월, 로는 '종합 은행Banque Générale'이라는 사립 은행을 설립한다. 기타 은행과 달리 종합 은행은 예금된 돈을 담보로 일정량의 금화·은화와 동일한 가치를 갖는 어음을 발행해 주었다. 금화·은화를 가지고 있다는 증명서와 같은 개념이었다. 새로운 화폐는 돈의 순환을 촉진시켰고, 금과 은의 생산량에 얽매이지 않은 채 재정 관리를 유동적으로 할 수 있게 했다.

그다음 해인 1717년, 로는 '미시시피 회사'라는 무역 회사를 설립해 아메리카의 루이지애나 지방을 개간하고 자원을 이용했다. 존 로의 계획은 화폐로 경제를 활성화하는 한편, 식민지 회사로 생산성을 극대화시켜 재정을 회복하는 데 성공하는 듯했다. 문제는 금융 거래소를 설립했다는 것이다. 아직 시장이 안정되지 않은 시기에 미시시피 회사의 주가는 500리브르에서 18,000리브르까지 치솟게 되었고, 결국 1720년 버블이 터져 유래없는 혼란을 야기하게 되었다. 존 로는 브뤼셀로 도피했다. 이 사건은 프랑스 경제 시스템에 큰 악영향을 주었다. 투기에 실패한 개인·기업들이 많은 피해를 받았고, 인플레이션으로 인해 서민들은 더욱 가난해졌으며, 국민들의 은행과 지폐에 대한 불신을 초래했기 때문이다.

루이 15세는 루이 14세처럼 리더십이 있던 것도 아니었다. 이러한 상황에서 크고 작은 전쟁까지 끊이질 않았다. 오스트리아 왕위 계승 전쟁(1740~1748), 7년 전쟁(1756~1763)으로 빚을 진 것은 물론 대부분의 국외 식민지까지 상실하게 되었다. 1753년의 프랑스 국가 부채는 무려 13억 6천만 루블, 현재 가치로 약 3,240억 달러였다. 7년 전쟁이 끝난 이후인 1764년에는 부채가 23억 5천만 루블, 현재 가치로 약 6,000억 달러에 달하게 되었다. 결국 다른 나라보다도 훨씬 높은 수준의 이자를 감당해야 했다. 루이 16세에 이르러서는 정부 수입의 43%가 이자를 내는 데 사용되었다. 이러한 상황에서 루이 16세는 미국 독립혁명을 지원했고, 프랑스 경제를 파탄하기 직전까지 내몰았다. 설상가상으로 기후 악화로 인한 대흉년이 일어나 국민들이 끼니를 걱정해야 하는 상황이 벌어진다.

와인으로 촉발된 프랑스혁명

이러한 상황에서도 와인은 꾸준히 보급되었다. 1780~1785년까지 파리에서만 1인당 연간 122L의 와인과 9L의 맥주를 마셨다고 보여진다. 현재 프랑스의 1인당 연간 와인 소비량이 40L인 만큼 18세기의 프랑스는 거의 물 대신에 와인을 마신 것으로 보인다. 당시 포도 재배자들은 토지세를 냈다. 이것만 해도 무척 버거운 상황이었다. 그런데 시장에 와인을 팔 때도 세금을 부과하기 시작했다. 와인은 궁정의 재원이기도 했다. 파리 시내로 반입되는 와인에 대한 관세도 매겼다. 15세기 백년 전쟁 이후 재건을 위한 재원으로 시작되었던 이 관세는 더욱 올랐다. 주로 성문과 센강 입구에서 세금을 내야 했다. 가격이 아닌 양에 과세하다 보니 저렴한 와인은 더욱 가격이 올라 버렸다. 파리에 들어오는 저가 와인의 가격이 3배 정도 올라서 파리 성문 밖에서 와인을 마시는 갱게트라는 것이 유행하기도 한다. 시내보다 훨씬 싼 가격으로 즐길 수 있었기 때문이다.

그리고 1789년, 프랑스혁명이 일어난다. 바스티유 습격 3일 전, 시민들은 세무서를 습격하고 때려 부쉈다. 술집 경영자들은 이러한 시민들에게 와인을 저렴하게 팔면서 그들을 선동했다. 파리 시민들은 습격한 곳에서 와인을 강탈하고, 취했으며, 연대했다. 그 흐름은 바스티유 습격까지 이어진다. 그로 인해 와인의 관세는 철폐된다. 하지만 프랑스혁명은 시민들에게 와인의 낙원을 선사하지 못했다. 혁명 정부 또한 징수를 원했고, 세무서를 재건했기 때문이다. 철폐됐던 관세는 이후 다시 부활했으며, 와인의 관세가 완전히 사라진 것은 제2차 세계대전 즈음이다.

혁명 이후 프랑스 와인 산업에는 많은 변화가 있었다. 일단 농경지 활용을 보다 자유롭게 할 수 있게 되었다. 이전에는 식량 부족을 우려해 곡물 재배가 거의 강제되었다. 이제는 원하는 작물을 선택할 수 있었으며, 수익률이 높은 포도밭을 경작할 수 있게 되었다. 또한 포도밭을 재분배했다. 교회와 수도원은 더 이상 재산을 가지지 못하게 되었고, 모든 자산은 국유화되었다. 와이너리를 소유한 귀족들 중에서 외국으로 망명하거나 정치범으로 기소된 사람들의 재산도 몰수되면서 와이너리의 주인이 많이 바뀌게 된다.

이러한 상황에서 극적으로 변화한 곳이 바로 부르고뉴 지방이었다. 주로 수도원과 교회가 소유했던 땅이었던 만큼 경매를 통해 주인들이 바뀌고 땅을 상속하는 과정에서 더 쪼개진다. 이어서 포도 병충해인 필록세라가 프랑스 전역을 강타하면서 포도 자체를 거의 수확을 하지 못하게 되자, 포도밭 주인들은 땅을 두고 떠난다. 그 땅을 와인 메이커들이 매입하면서 부르고뉴는 더욱 세부적으로 와인을 만드는 곳이 된다. 반대로 보르도는 상업이 발달해서 이미 기업화된 곳이 많았던 만큼 교회의 영지는 적었으며, 상대적으로 혁명의 영향을 덜 받았다.

30

술집의 발전,
시민혁명을 이끌다

술집의 발전은 민주주의 발전에 있어서 큰 역할을 한다. 다양한 시각을 가진 민중끼리 서로 대화를 이어나갈 수 있는 공간이었기 때문이다. 이러한 술집은 언제, 어떻게 발전하게 되었을까? 흑사병, 르네상스, 산업혁명은 술집의 발전도 이뤄냈다. 기록상 최초의 술집은 기원전 18세기, 고대 바빌로니아의 함무라비 법전에 등장한다. 다만 여기서의 술은 맥주 계열일 것으로 보고 있다. 이 지역 자체가 와인보다는 곡주가 발달했는데 유프라테스강과 티그리스강이 만나면서 퇴적물이 쌓인 비옥한 토지에서 나오는 것이 보리와 밀이었기 때문이다.

고대 이집트에도 술집이 있었다. 이집트인들이 피라미드를 만들 수 있게 한 것은 맥주와 마늘이라는 이야기가 있을 정도다. 뜨거운 사막에서 일하기 위해서는 시원한 맥주가 필요했고, 강장제로 마늘도 필요했다. 그들에게 지불되는 봉급에는 맥주도 포함되었다. 이집트의 술집에서는 맥주와 와인이 함께 판매되었는데, 맥주는 직접 만들었지만 와인은 주로 수입했다.

디오니소스가 간판에 그려진 로마의 술집

그리스에서는 기원전 5세기부터 화폐 경제가 성장해 본격적으로 술집 문화가 번성하게 된다. 로마는 건국 초기 맥주 중심의 나라였으나 기원전 168년 그리스를 정복하면서 와인을 주로 마시는 나라로 바뀌었고, 한국의 주막과 유사한 숙박 시설이 함께 있는 타베르나Taverna라는 술집이 발전하게 된다.

술집 간판에는 그리스 술의 신 디오니소스의 표시를 달았다. 제공되는 메뉴는 지금과 비슷하다. 대두가 들어간 죽, 삶은 돼지고기, 돼지 머리 꼬치, 장어, 올리브, 소시지, 어묵, 닭고기, 야채 마리네, 치즈, 오믈렛 등이다. 참고로 로마인은 하루에 세 끼를 먹었는데, 점심을 가장 많이 먹었다. 로마 역시 농민이 많았고, 오후부터 가장 많은 일을 해야 했기 때문이다. 무엇보다 밤에는 어두워서 음식을 제대로 즐길 수 없었다. 해가 뜨면 일을 하고 해가 지면 자는 시대였기 때문이다. 타베르나라는 술집은 영국에서 여관, 숙박업소를 뜻하는 터번Tavern의 어원이 된다.

프랑스의 경우는 어땠을까? 프랑스혁명 이후 등장한 대표적인 술집은 '카페Caffe'와 '카바레Cavare'다. 카페 문화는 17세기 아랍에서 베네치아, 오스트리아를 거쳐 프랑스에 오게 되는데, 한국의 커피숍처럼 단순히 커피만을 판매하는 것이 아닌, 증류주에 허브를 넣은 리큐르 및 와인까지도 다양하게 제공이 되었다. 음악과 술, 사교를 함께 즐길 수 있는 카바레 문화는 19세기에 본격적으로 나타난다. 이곳은 카페 하우스를 유흥과 감각의 공론장으로 재창조한 공간이었으며, 다양한 공연을 볼 수 있는 곳으로 진화했다. 대표적인 곳이 영화의 배경이 되기도 했던 물랑 루즈 Moulin Rouge 다.

기술의 발달로 술의 유통기한이 길어지면서 술은 더욱 취급하기 쉬워졌다. 전문가가 아니라도 술 판매를 쉽게 할 수 있게 된 것이다. 이를 통해 레스토랑, 호텔 등의 외식 산업에 의한 주류 제공도 더욱 활기를 띠게 되고, 술집과 레스토랑의 구분은 더욱 사라지게 된다.

펍의 역사

영국의 전통적인 술집이라면 아마도 펍 Pub 을 생각할 것이다. 다만 펍의 역사는 의외로 길지 않다. 오래된 술집 문화는 오히려 영국의 맥주, 에일 Ale 을 파는 에일 하우스 Ale house 다. 에일은 원주민이었던 켈트족이 고대 페니키아인으로부터 배워온 술이었고, 5세기경에 시작한 앵글로족과 색슨족의 이주, 11세기의 노르만족의 침공 등에도 그대로 유지된 술이기도 하다. 초기에는 집안에서 여성들이 가양주 형태로 빚었으나 10세기 전후로 주막처럼 직접 빚은 술을 식당에서 판매하게 되는데, 그것이 에일 하우스의 시작이다.

이곳의 주인은 술을 담당하는 여성이라는 의미로 '에일 와이프Ale wife'라고 불렸다. 우리말로 하면 주모다. 당시 맥주에는 지금의 홉이 아닌 다양한 허브가 들어갔는데, 때에 따라서는 환각 작용을 일으키거나 몸을 해치는 경우도 있었다. 그런 이유로 에일 와이프는 이상한 물질을 만드는 마녀라는 오해를 사게 된다. 당시의 가부장 사회에서 여성의 사회적 활동이 남성에게 경계를 사게 했다는 분석도 있다. 알고 보면 에일 와이프는 남성에게 의지하지 않는 신여성이었고, 제조를 할 줄 아는 기술자였으며, 가정을 책임지는 가장이기도 했다.

이러한 배경을 담은 단어가 그대로 남아있다. 바로 마녀라는 뜻의 'Witch'다. 이 단어를 보면 'wit(기지, 익살, 지혜)'에 'ch(모으다)'가 붙은 것을 볼 수 있다. 지혜를 모으는 사람이란 의미다. 흥미로운 것은 지혜롭다는 뜻의 'Wise'도 맥락이 같다는 것이다. 'wit'에 'see'가 붙었다. 흑사병이 본격적으로 유행한 14세기부터 에일 와이프는 마녀 이미지의 대명사가 된다. 당시 에일 와이프의 상징은 청소를 하기 위한 '빗자루', 장터 등에서 눈에 잘 띄기 위한 검은색의 '긴 모자', 그리고 곡식을 훔쳐먹는 쥐를 잡기 위한 '고양이'였다. 우리가 흔히 생각하는 마녀의 이미지는 여기서 왔다.

이후 등장한 술집이 지금의 펍이다. 흑사병이 지나가고 안정을 찾아갈 때쯤 살아남은 농민과 노동자의 수입이 크게 올랐다. 일손이 부족해진 것이다. 원래 펍은 퍼블릭 하우스Public House라는 마을의 공적인 공간이었다. 수입이 많아진 노동자와 농민을 대상으로 다양한 주류를 판매하기 시작했고, 19세기에 들어서 주급 시스템이 갖춰지자 노동자들의 주말 휴식처가 되었다. 과음이 많았던 당시의 음주 문화는 숙취를 불러 일으켰고, 영국 노동자들 사이에서는 '성스러운 월요일Saint monday'이라는 말도 있었다. 영국의 월요병이다.

기본적으로 펍은 두 종류다. 영국의 잉글리쉬 펍, 아일랜드의 아이리쉬 펍이다. 아일랜드의 펍은 원래 가정집에서 만들던 맥주를 팔던 곳이었다. 규모도 굉장히 작았다. 아일랜드는 약 800년간 영국의 식민지였는데, 운영하는 공간이 크면 세금을 크게 많이 부과했기 때문이다. 그래서 보통 작은 가게와 함께 운영하는 경우가 많았다. 이러한 아이리쉬 펍이 유명해진 계기는 미국에서의 성황이다.

19세기, 아일랜드에서는 대기근이 일어난다. 아일랜드 감자 대기근이라고 불리는 이 사건으로 인구의 20%가 아사 또는 병사했다. 이때 10~20%가 국외로 이주를 했다. 결혼과 출산이 격감하였고, 최종적으로 아일랜드의 총 인구는 가장 많았던 시기와 비교해 50%나 감소하게 된다. 당시 수많은 아일랜드인이 이민을 간 곳이 미국이다. 이들이 자주 모인 곳이 바로 미국 내 아이리쉬 펍이었다. 이후 기네스 등 아일랜드만의 맥주가 더욱 유명해지면서 자연스럽게 아이리쉬 펍은 전 세계로 퍼져나간다. 결국 이러한 펍 및 카페의 발전은 민중들의 대화를 도모하며 계몽 운동에도 일조했고, 시민혁명을 일으키는 중요한 공간으로써 사용된다.

초대형 호프집을 좋아한 독일

독일의 술집은 유럽의 마지막 종교 전쟁이라는 30년 전쟁 때, 거대한 집회장이 되었다. 이곳은 넓은 공간으로 잡화, 식품, 은행 업무, 군인 집합 장소 등 시장과 같은 모습을 가지고 있었다. 한마디로 술집이 장터고 장터가 술집이었다. 독일의 거대한 호프집 문화는 이때부터 시작된다고 볼 수 있다. 남부 독일은 이때까지만 해도 와인의 나라였다. 16세기의 소빙하기와 30년 전쟁의 폐해로 포도 재배가 점점 어려워졌고, 18세기가 되면서 맥주가 본격적으로 자리잡는다.

때마침 16세기부터 양조장을 운영하던 호프브로이하우스Hofbräuhaus가 1897년 뮌헨에 양조장 직영 비어홀을 만든다. 손님이 3,000명이나 들어갈 수 있는, 세계에서 가장 큰 술집이라고 불리는 이곳은 볼셰비키혁명의 레닌과 히틀러가 다녀갈 만큼 유명한 곳이었다. 1944년 연합군의 공습으로 건물이 무너지지만, 1958년에 다시 재건축되어 지금에 이른다.

31

미국 독립 전쟁이
만들어 낸
버번 위스키

프랑스혁명이 영화와 소설의 소재로 곧잘 사용되는 이유는 하루아침에 모든 것이 바뀌어서다. '짐이 곧 국가'라며 절대적 왕권을 자랑하던 태양왕 루이 14세가 죽은 지 겨우 74년 후인 1789년에 혁명이 일어났다. 이때 루이 16세와 왕비인 마리 앙투아네트가 시민들에 의해 처형당하는 초유의 일이 발생한다. 이는 프랑스의 절대 왕정을 지켜온 부르봉Bourbon 왕조의 몰락이라고 볼 수 있다.

하지만 술에는 여전히 이 부르봉 왕조의 이름이 살아있다. 다름 아닌 저 멀리 대서양 건너에 있는 미국 술의 명칭인 버번Bourbon 위스키다. 버번 위스키는 옥수수를 51% 이상 사용해서 만드는 위스키로, 내부를 그을린 새 오크통에서 숙성하는 미국 스타일의 위스키다. 이 칭호가 생뚱맞게도 부르봉 왕조에서 온 이유는 프랑스가 미국의 독립혁명을 도와준 최고의 협력자였기 때문이다.

　미국이 영국을 대상으로 독립 전쟁을 치를 당시, 미국 독립군에는 변변한 무기가 없었다. 영국이 공업 시설을 미국에 세우지 않았기 때문이다. 모든 물자를 영국에서 수입해서 식민지인 미국에 팔고 있던 상황이다. 일반적이라면 독립 전쟁을 벌일 만한 상황이 아니었다. 하지만 여기 특별한 우군이 등장하는데, 바로 프랑스였다. 프랑스는 미국에 적극적으로 무기와 물자, 군인들을 보낸다. 사실상 미국 독립 전쟁을 종결시켰다는 버지니아주의 요크타운 전투에서 미국 독립군은 프랑스의 로샹보 장군 부대와 연대하여 영국군 7,000여 명을 포위해 항복을 받아냈다. 프랑스가 미국 독립군을 도와준 이유는 미국과 인도 등에서 치열한 식민지 쟁탈을 벌이고 있었기 때문이다. 여기에 미국 독립 전쟁이 일어나기 직전인 7년 전쟁에서 프랑스는 영국에게 지게 된다. 그래서 당시 뉴프랑스로 불렸던 캐나다의 퀘벡 지역과 인도에서의 지배권도 영국에게 빼앗기게 된다. 이렇다 보니 프랑스는 영국에 대한 반감이 컸기에 그들의 세력이 너무 강해지는 것을 견제할 필요도 있었다.

　전쟁에서 이긴 미국 정부는 프랑스 부르봉 왕조에게 감사의 표현을 위해 1785년, 토머스 제퍼슨의 제안을 받아 버지니아 서부의 광대한 지역을 부르봉Bourbon이라고 칭하게 되었다고 한다. 현재의 켄터키주 버번 카운티의 유래다. 당시 이 지역에서 많이 재배되던 옥수수를 통한 위스키가 본격적으로 나오면서 버번 위스키라고 불리게 되었다고 한다. 프랑스의 왕조가 위스키의 명칭으로 다시 되살아난 것이다.

　버번 위스키의 정확한 시작은 아무도 모른다. 유력한 주장 중 하나는 엘리야 크레이그라는 목사이자 교육자인 인물이 버번 위스키의 시초라는 것이다. 그는 1789년에 켄터키에 증류소를 세웠고, 헤븐 힐Heaven Hill이라는 위스키 회사는 그를 켄터키 버번 개발자로 언급했다. 그래서 헤븐 힐의 제품을 보면, 그를 버번의 아버지로 부르고 있다. 속을 태운 오크통에 숙성했다는 버번 위스키의 특성을 살려서 만들었다는 이유다. 참고로 지금의 버번 카운티에서는 버번 위스키를 거의 만들지 않고 하트필드Hartfield&Co.라는 곳에서만 만든다. 한때 조례로 금주법을 시행한 적이 있기 때문이다.

프랑스 식민지 곳곳에 남은 버번의 흔적

버번이라는 이름은 켄터키주에만 있지 않다. 뉴올리언스에는 버번 스트릿도 있으며, 이곳이 버번 위스키의 시작이라고 말하기도 한다. 한때 프랑스의 식민지였으며, 나폴레옹이 미국에 팔아버린 루이지애나 등의 명칭은 아예 루이 14세의 이름에서 유래하기도 했다. 이렇게 보면 부르봉 왕조 입장에서는 나름 남는 장사가 아니었나라는 느낌도 있다. 어차피 세상의 모든 일은 이름을 남기기 위해 살고 있기 때문이다. 참고로 루이 16세는 처형되지만, 이후 앙리 5세까지 프랑스 부르봉 왕조의 혈통이 유지된다. 더불어 현재 스페인의 국왕인 펠리프 6세는 루이 14세의 후손으로, 부르봉 왕조 계열이기도 하다.

32

미국 독립 전쟁과
남북 전쟁으로 성장한
미국 위스키

한국에 위스키 등이 정식으로 수입되기 전인 1980년, 한국의 주류 문화에 깊은 인상을 남긴 술이 등장한다. 카리브해를 주름잡는 럼Rum주의 모습으로 등장한 술, 캽틴큐다. 당시 광고를 보면 럼주라고 말하는 걸 볼 수 있다. 엄밀히 말하면 럼주는 일부만 들어있고, 주정에 인공색소, 각종 조미료로 맛을 낸 럼 스타일의 소주였다. 무늬만 양주였던 셈이다. 하지만 위스키에 비해 저렴했던 이 캽틴큐는 출시되자마자 1,000만 병이 나가는 등의 메가 히트를 친다.

이 럼주는 원래 어느 나라 술일까? 단순히 해적의 술일까? 기본적으로 럼주는 사탕수수에서 나오는 달콤한 진액, 설탕물을 발효한 후 증류해서 만드는 술이다. 산업이 발달하면서 단순히 사탕수수의 진액이 아닌 설탕을 만들고 남은 폐당밀을 가지고 만들어 원가를 더욱 낮추게 된다.

2015년 기준, 사탕수수는 총 생산량 18억 7천만 톤으로 전 세계에서 가장 많이 재배하는 작물이다. 사탕수수는 원래 남아시아가 주산지다. 8세기 무렵 아랍 무역상들이 인도로부터 들여왔고, 10세기에는 메소포타미아 전 지역과 북아프리카 등에서도 재배했다. 이 사탕수수 재배가 폭발적으로 늘어난 계기는 바로 신대륙 발견이다. 사탕수수 자체가 풍부한 햇빛과 많은 물을 필요로 하고, 추위에는 약하다는 것을 안 콜럼버스는 카리브해 아이티섬에서 재배하기 시작했다. 이후 유럽에 설탕을 수출하기 위해 서양 열강이 앞다퉈 이 지역에 사탕수수를 심기 시작했다. 이곳에서 18세기 전후로 삼각무역이 발생한다.

카리브해의 서인도 제도에서 유럽으로 설탕을 대량 수출하면서 설탕을 정제하고 남은 폐당밀이 많이 생기기 시작했다. 처음에는 아메리카 원주민을 일손으로 썼지만 그들은 유럽인이 가져온 천연두에 계속 죽어 나간다. 이렇다 보니 일손이 많이 필요했고, 이러한 부분을 아프리카 노예로 충당했다. 삼각무역의 시스템은 간단하다. 아프리카의 노예선이 이 서인도제도에 노예를 내리면, 텅텅 빈 배의 창고에 당밀을 쌓아 미국의 뉴잉글랜드로 보낸다. 그리고 그 당밀을 받은 뉴잉글랜드에서는 럼주를 만들어 다시 유럽이나 아프리카로 보내 노예 대금으로 사용했다. 노예선은 이렇게 삼각무역을 이어갔다. 럼주는 해적의 술이기도 하지만 노예선의 술이고, 미국이 많이 만들고 마시던 술이었다.

1600년대 중반부터 설탕과 당밀은 서인도 제도에서 뉴잉글랜드로 수출되었고, 그곳에서 식민지인들은 그들만의 다양한 럼주를 만들었다. 그 당시, 럼주는 많은 다른 이름을 가지고 있었다. 대표적으로 룸불리온Rumbullion, 럼버션Rumbustion, 킬데빌Kill-devil, 럼버즈Rhumbooze, 바베이도스 워터Barbados water는 모두 사탕수수나 당밀의 증류액을 가리키는 일반적인 용어였다. 1700년대 중반, 뉴잉글랜드 럼은 갤런당 약 3실링에 팔렸고, 아프리카와 서인도 제도와의 삼각무역으로 알려진 통화 대신에 실제로 사용되었다. 마틴 길버트에 따르면, 1752년까지 로드 아일랜드에만 적어도 30개의 합법적인 증류소가 있었고, 샌더슨이라는 배는 8,220갤런의 럼주를 싣고 뉴포트를 떠났다고 기록하고 있다.

옥수수로 만드는 버번 위스키에 대한 기록도 보인다. 옥수수는 당시 아메리카 원주민의 주식이었고, 그것을 이민자에게 전수했기 때문이다. 기록을 보면 이민자들은 옥수수를 마시고 있다고 말하고 있다. 그들은 질 좋은 술 만드는 방법을 발명했다. 하지만 도수가 높았기에 취하기 쉬웠다. 옥수수를 물에 불려서 부드럽게 하고, 증류기(람빅)를 사용하여 적절히 증류하면 브랜디와 같은 강한 증류주가 나온다. 이민 초기부터 옥수수를 사용한 위스키는 존재했으며, 그 주역은 어떻게 보면 옥수수를 전파한 아메리카 원주민이라고 할 수 있다.

2장 술, 담다: 전쟁과 혁명

33

위스키 전문가였던
미국 초대 대통령
조지 워싱턴

　미국의 초대 대통령인 조지 워싱턴은 군대에 술이 절대적으로 필요하다고 주장했다. 그는 위스키 전문가였다. 그는 럼주를 생산하기 위해 1770년대에 고향 땅 버논산에 증류기를 마련했고, 스코틀랜드 농장 매니저인 제임스 앤더슨에게 위스키 생산을 위해 호밀을 심으라고 말했다. 실제로 1799년 그가 죽기 1년 전까지 위스키로 상당한 이익을 냈고, 150갤런의 위스키를 저장하고 있었던 것으로 추정된다. 미국 독립혁명이 1775년에서 1783년까지 진행되었으니 전쟁 전부터 준비한 것으로 보인다. 조지 워싱턴은 1754년 프랑스와의 영토 분쟁으로 야기된 프렌치 인디언 전쟁에 참전했으며, 지휘 능력을 인정받아 대령으로 진급한다. 이 전쟁은 유럽과 인도에서 진행된 7년 전쟁과 같은 맥락으로 프랑스가 아메리카 인디언 부족과 동맹해 영국 식민지를 공격한 세계대전급 전쟁이었다. 7년 전쟁으로 영국이 승리하자 프랑스는 인도의 세력을 거의 상실했고, 영국이 인도에서 주도권을 잡았다. 이는 인도 대륙 전체를 영국 지배하에 두는 결과를 가져왔고, 북미에서 프랑스의 영향력은 지극히 낮아졌다. 영국군과 함께 싸운 경험은 후에 독립 전쟁을 승리로 이끌 수 있었던 중요한 경험치가 된다.

위스키 증류소는 1797년 워싱턴이 대통령직에서 떠나던 해에 완공된다. 워싱턴의 증류소에서 만들어진 위스키 중 대표적인 제품은 호밀 60%, 옥수수 35%, 몰트 보리 5%로 이루어진 것이었다. 그리고 다양한 과일을 사용해 브랜디를 만들기도 했다. 다만 조지 워싱턴은 위스키와 관련해서 마냥 좋은 기억만 있지는 않았다. 그가 대통령 재임 중에 '위스키 반란Whiskey Rebellion'이라는 사건이 일어나기 때문이다.

1789년 첫 연방 행정부가 출범하면서 해밀턴Alexander Hamilton이 초대 재무장관에 취임한다. 그는 독립 전쟁을 수행하면서 진 빚을 해결해야 했다. 세금을 올리는 방법밖에 없는 상황이었다. 수입품에 관세는 충분히 매기고 있으니 내수 품목인 위스키에 눈독을 들였다. 사치품인 만큼 저항이 가장 적을 것이라는 판단이었다. 실제로 위스키 등에 붙는 세금을 악행세Sin tax라고 부르며 적극적으로 지지하는 계층도 있었다. 해밀턴은 국가 부채를 약 5천 4백만 달러로 추정했고, 1791년 7월 1일, 수입과 국내의 모든 증류주에 소비세를 부과하기 시작했다. 가격은 제품의 알코올 도수를 기준으로 했고, 국산 농산물로 만든 증류주는 수입 농산물 또는 수입 증류주보다 세금이 적게 부과되었다. 하지만 1791년, 농부들 사이에서 이러한 세금에 대한 불만이 일기 시작했다. 당시 증류주를 만드는 방법 중 하나는 곡물을 주고 그 곡물로 만든 증류주를 받는 형태였다. 떡집에 쌀을 갖다 주면 떡을 만들어 주는 것과 같다. 현금 거래가 많지 않던 농민들 입장에서는 불만이 쌓일 수밖에 없었다. 개척지 자체가 현금이 귀했던 만큼 위스키가 현금의 역할도 했기 때문이다.

특히 서부의 펜실베니아 농민들은 분노에 차 있었다. 현금이 적은 것 외에도, 세금과 관련한 혐의에 대한 답변을 위해 법정에 소환되면 오랜 시간 이동을 해야 했기에 더 화가 났다. 농장을 비운 사이 미국 인디언들이 언제든지 농장을 공격할 수 있었기 때문이다. 또 스페인의 지배하에 있던 미시시피강 운항 문제에 대해서도 정부의 대처가 미흡하다고 생각하고 있었다. 이런 상황에서 위스키세 부과는 서쪽 개척지 거주민들을 자극했던 것이다.

결국 펜실베니아 위스키 제조업자들은 반란을 일으켰다. 세금을 징수하는 사람은 사회의 적이라는 선언까지 하게 이른다. 1791년, 5,000명이 넘는 군중이 피츠버그로 진격하여 도시 전체를 불태우겠다고 위협한다. 이러한 저항에 세금을 일부 줄이기는 했지만, 위스키 제조업자들과 세금 징수원들 사이에 작은 충돌이 이어졌다. 1794년에 세금을 더 줄였지만 여전히 펜실베니아 사람들의 협조를 얻지 못했다. 결국 조지 워싱턴은 미국 역사상 처음으로 봉기를 진압하기 위해 연방 군대를 소집했다.

위스키 반란이 일어나는 동안 일부 펜실베니아 농부들은 켄터키로 도망쳐서 증류주를 만들기 시작했다. 그리고 켄터키주의 비옥한 토양에서 자라는 옥수수와 위스키 제조에 사용하기 좋은 달콤한

석회암 물에 대한 이야기를 듣고 펜실베니아로 파견되었던 많은 군인들은 군대를 떠나 켄터키에 정착하기로 결정했다. 켄터키가 위스키 주산지로 태어나는 태동이 위스키 반란에서 시작된 것이다.

1776년 버지니아에서 '옥수수 농장 및 주택 권리법Corn Patch and Cabin Rights Act'이 시행된다. 집을 짓고 옥수수 작물을 심는 사람에게는 1.6km²의 땅을 주는 이 법으로 인해 해당 지역의 옥수수 재배가 장려된다. 개척자들은 옥수수가 상대적으로 재배하기 쉽고, 옥수수를 이용하면 독특한 스타일의 위스키를 만들 수 있다는 것을 알게 되었다. 켄터키 위스키는 동부의 호밀 위스키보다 다소 가벼웠고, 그들만의 것이라고 부를 수 있는 제품이었다.

한편, 1700년대 후반 북아일랜드에서 온 거대한 이민 집단인 스코틀랜드-아일랜드인들이 미국에 도착하기 시작했다. 그들은 새로운 땅으로 이주하는 역경을 이겨내고 공동체를 설립했다. 풍부한 농지와 미국인들의 술에 대한 수요는 스코틀랜드-아일랜드인들이 새로운 국가를 개척하는 것을 도왔다. 이러한 기반은 이들을 위스키 산업의 기초를 다지는 데 적합한 사람들로 만들었다. 위스키 판매는 1700년대 후반부터 이뤄졌다고 본다. 미시시피강을 통해 최남단이자 1803년까지 프랑스 식민지였던 뉴올리언스까지 물류를 운반했다. 다만 언제나 미시시피강을 이용할 수는 없었다. 강수면이 충분히 위로 올라와야 선적을 하고 옮길 수 있었기 때문이다. 펜실베니아, 켄터키, 테네시 등에서 온 배들은 강이 찰 때인 봄까지 기다려야 하는 경우가 많았다. 이런 미시시피강의 환경은 가을 수확 시기에 위스키를 만들었다면 적어도 봄까지는 나무통에서 숙성하는 결과를 가져왔다.

2장 술, 담다: 전쟁과 혁명

34

미 대륙 횡단 열차와 남북 전쟁, 위스키에 날개를 달다

이렇게 숙성에 대한 개념도 잡혀갈 19세기, 미국에서는 역사에 남을 두 가지 사건이 일어나게 된다. 하나는 미 대륙 횡단 철도를 비롯한 운송 혁신, 하나는 남북 전쟁이다. 남북 전쟁은 1861년 4월, 노예제도를 지지하던 남부 주들이 모여 미합중국으로부터의 분리를 선언한 뒤, 사우스캐롤라이나주 찰스턴항의 섬터 요새 포격을 시작으로 1865년까지 4년 동안 벌어진 내전이다. 미국의 노예제도 폐지 운동은 18세기부터 시작되었다. 1775년에 노예제도 반대 모임이 필라델피아에서 최초로 만들어졌고, 펜실베이니아주 의회는 처음으로 '노예 해방법'을 1780년에 통과시켰다. 이후 다른 북부 주들도 이런 움직임에 동참했으며, 노예제도를 폐지하는 주들도 생겨났다.

이로 인해 노예제도를 폐지한 북부, 노예제도가 남아 있는 남부의 두 지역으로 나뉘게 되었다. 북부가 노예제도에 반대한 이유는 남부에 있는 노예들이 해방되면 북부 공업에서 노동력을 저렴하게 쓰기 위함이었다. 인도주의적 정신보다는 철저히 실리를 따진 정책이었다.

미국에서 대서양과 태평양을 잇는 첫 대륙 횡단 철도는 6년 간의 공사를 거쳐 1869년 완공되었다. 캘리포니아주의 세크라멘토에서 네브래스카주의 오마하를 잇는 2,826km 길이의 철도이다. 미국의 대륙 횡단 열차는 교통을 발전시켜 도시를 형성하는 데 기여했다. 하지만 미국 내 아메리카 원주민의 땅을 철도 공사용으로 무상 몰수했으며, 이러한 미국 정부의 정책에 반대하여 생존권 투쟁을 벌인 아메리카 원주민과 이를 탄압한 미국 정부 간의 폭력 충돌이 일어난다.

남북 전쟁은 위스키를 만드는 주를 갈라놓았다. 1862년 에이브러햄 링컨 대통령은 북부군의 노력에 대한 비용을 지불하기 위해 위스키에 대한 소비세를 다시 도입했다. 하지만 이번에는 조지 워싱턴 때의 위스키 반란과 같은 사태는 일어나지 않았다. 남북 전쟁은 위스키의 위상과 필요성을 크게 늘렸다. 죽음의 공포에 처한 군인들의 영혼을 달래고, 학살에 대한 두려움을 잊게 했으며, 무엇보다 마취제 역할을 했다. 19세기 초반만 해도 변변찮은 약이 없었기에 위스키는 중요했다. 술은 여러 방면에서 환자의 고통을 덜어 주었다.

제럴드 카슨Gerald Carson에 따르면, 북부 병사들은 상대적으로 금전적인 여유가 있어서 비교적 위스키를 많이 구입할 수 있었다고 한다. 또 북부 병사의 가족들은 주변의 시선을 피해 위스키를 자주 보내주곤 했다. 반면에 남부는 물자가 부족하다보니 곡물로 위스

2장 술, 담다: 전쟁과 혁명

키를 만들 상황이 되지 못했다. 기본적인 필수품이 중요한 상황이었다. 전쟁으로 인해 위스키 증류소는 줄어들었지만, 위스키의 가치 상승은 이끈 것이 남북 전쟁이었다. 흥미롭게도 현재 버번 위스키의 주산지로 불리는 켄터키주는 북부군에 속했으며, 버번 위스키에서 탈피하겠다고 선언한 테네시 위스키를 생산하는 테네시주는 남부군이었다. 어쩌면 이들의 갈림은 이때부터이지 않았나 생각도 해본다.

태동하는 미국의 금주법

대륙 횡단 열차는 위스키의 유통 및 소비를 혁신적으로 바꿨다. 일단 고된 철도 노동에 시달리는 노동자들이 많이 마실 수밖에 없었고 철도가 확장되면서 새로운 마을이 생기고, 그 시장에 위스키가 공급되었다. 1830년 미국에는 불과 50마일 미만의 철도 선로가 있었지만, 10년 후에는 거의 3,000마일의 철도가 있었고, 1850년에는 증기 기관차를 타고 9,000마일 이상을 여행할 수 있었다. 이제 위스키를 미시시피강의 증기선과 함께 철도로도 운송할 수 있게 되었다. 철도를 통해 단순히 미시시피강 하류로 이동하는 것이 아니라, 동서 남북 어디든지 갈 수 있었다.

이러한 위스키 소비는 영국, 아일랜드, 스코틀랜드, 독일에서 쏟아지는 이민자들로 인해 메꿔졌다. 윌리엄 L의 《미국 양조 및 증류 산업 사전》에 따르면 미국인은 1970년과 비교하면 1825년도에 위스키를 3배나 많이 마셨다. 오스카 게츠에 따르면 1850~1860년대 사이에는 위스키 음주량이 28% 이상 증가했다고 한다.

하지만 빛이 있으면 어두움도 있는 법이다. 이러한 상황은 단순히 위스키 산업을 성장시키지 않았다. 술에 대한 경각심이 사회 전반에 퍼지게 된 것이다. 1826년, 보스턴에서 미국 금주 협회라는 연맹이 설립된다. 1920년에는 약 100년 후에 일어날 미국 헌법에 의거한 금주법이 드디어 태동하기 시작한다.

2장 술, 담다: 전쟁과 혁명

35

노예 무역 금지,
미국 럼주의 가치를 떨어트리다

　미국은 독립혁명 이전까지만 해도 럼주를 많이 만들고 소비했
다. 그런데도 왜 미국은 럼주의 종주국을 자처하지 않는 것일까? 이
것은 미국의 독립 전쟁과도 연결된다. 당시 전 세계를 돌아다녔던
영국의 해군은 늘 럼주를 지참했다. 원래는 맥주를 공급하고 있었
지만, 설탕혁명이 일어난 이후 가격이 낮아진 럼주에 더 눈이 갔다.
맥주와 같은 발효주와 달리 도수가 높아(40도 이상) 상하지 않았고,
가격이 저렴했으며, 괴혈병 예방에 좋다는 인식이 있었기 때문이
다. 하지만 도수가 너무 높아서인지 취한 해군들 사이에서 크고 작
은 문제가 많이 생겼다. 1740년 영국의 제독 에드워드 배넌은 럼을
3~4배로 희석해 병사들에게 제공하라고 한다. 늘 독한 술을 즐기
던 병사들 입장에서는 볼멘소리가 나왔다. 럼주와 물의 비율은 초기

1대 4정도였으나, 제2차 세계대전까지는 1대 3, 전쟁이 끝난 이후에는 1대 2까지 내려갔다.

독립 전쟁 직후에는 미국 해군에서도 럼주를 많이 마셨다. 하지만 제3대 대통령인 토머스 제퍼슨 휘하에 있던 로버트 스미스는 1805년 럼주를 미국제 호밀 위스키(라이 위스키)로 대체한다고 발표하였다. 그리고 영국처럼 물로 희석하여 배급하라고 지시했으며, 국산 농산물로 만드는 위스키보다 수입 당밀로 만드는 럼주에 세금을 더 과세한다.

럼주의 가치가 떨어진 이유에는 이러한 세금 문제도 있지만, 시장의 변화도 컸다. 1808년에 미국은 아프리카에서 노예를 수입하는 것을 금지한다. 삼각무역이 깨진 것이다. 당시의 삼각무역은 유럽의 무기와 화약, 의류 등을 아프리카의 노예와 교환하고, 그 노예를 실어다 신대륙에 넘긴 뒤 설탕·럼·담배·은 등을 가져오는 것이었다. 이 시기에 신대륙으로 강제 이송된 흑인 노예가 약 1,500만 명으로 추산된다. 이러한 사업 자체가 사라지며 더 이상 럼주는 화폐처럼 쓰이지 못하게 된다. 이때 럼주 대신 등장한 술이 바로 옥수수를 베이스로 한 위스키, 버번 위스키였다. 그리고 이 버번 위스키는 미국을 대표하는 증류주가 되었다.

2장 술, 담다: 전쟁과 혁명

36

제1차 세계대전,
미국의 금주법을 앞당기다

20세기의 음주 산업에서 가장 큰 뉴스라고 한다면 아마도 미국의 금주법을 들 수 있을 것이다. 금주법은 1920년부터 1933년까지 있었던 법으로, 알코올 제조 및 판매, 운반을 금지했던 법이다. 이 법은 밀주의 제작, 그로 인한 갱들의 난립, 늘어난 마약 소비로 결국 오래 버티지 못한다. 이후 '고귀한 경험 The Noble Experiment'이라는 비꼬는 평가만 남긴 채 13년 10개월 만에 사라져 버렸다.

앞서 설명했지만, 미국의 금주법은 소비를 위한 알코올의 제조, 판매 운송이 전면적으로 금지된 법이었다. 내용만 보면 절대로 술을 마시면 안 될 것 같지만, 실제로는 많이 마셨다고 한다. 가택에서의 주류 소유와 음주는 가능했던 것이다. 그래서 당시 미국의 부자들은 금주법이 시행되기 직전에 엄청난 술을 사재기하고, 집안에 홈

바Home Bar를 만들었다. 그들은 집에서 다양한 파티를 열어 술을 즐겼다. 그래서 금주법이 지금의 미국의 홈 파티 문화를 더욱 넓혔다고 이야기하기도 한다.

물론 미국의 홈 파티 문화가 발전한 것은 이 때문만은 아니다. 레스토랑 및 바Bar의 높은 술 가격, 늦은 시간까지 운영하지 않는 음식점, 전철과 대중교통이 아닌 차로 이동해야 하는 공간에서 음주운전에 대한 높은 규제 및 페널티도 이유다. 하지만 금주법을 통해 홈 바가 본격적으로 생겨난 것은 부인할 수 없는 부분이다. 이 시대에 칵테일 도구 등도 본격적으로 등장하게 된다.

칵테일의 발전

금주법이 시행되었다고 하지만 술의 소비는 쉽게 줄지 않았다. 1층에 있던 바는 지하로 숨으며 히든 바 등의 문화를 만들어 냈다. 여기서 팔던 술은 대부분 밀주였다. 제대로 된 숙성도, 발효도 없이 그저 알코올을 만들어 냈다. 그래서 냄새도 좋지 않았고, 비주얼도 빈약했다. 이런 시기에 본격적으로 발달한 것이 칵테일이다. 칵테일은 향기로운 과실 향과 멋진 장식으로 사람들의 마음을 사로잡았고, 나만의 술을 즐길 수 있는 문화를 만들었다. 미국의 금주법은 수많은 미국의 바텐더를 유럽으로 보내는 계기가 되어 유럽의 바 문화 보급에 큰 영향을 미쳤다.

금주법이 시행되기 전까지만 해도 켄터키주에만 증류소가 3,000곳이나 있었다. 금주법이 시행된 후 증류소들은 과일 주스 및 공업용·의료용 알코올 제조를 하며 견디려고 노력했다. 하지만 결과적으로 대부분의 증류소가 힘을 잃고 사라져 버렸다. 그렇다면 히든바 등에서 즐긴 술은 대체 어디서 만들었을까? 바로 이웃 나라인 쿠바, 멕시코, 캐나다였다. 금주법이 없었던 멕시코에서는 테킬라가, 쿠바에서는 럼이, 캐나다에서는 위스키가 발달하게 된다.

금주법의 배경에는 '알코올은 사탄의 음료'라고 외치던 미국의 보수 기독교파의 영향도 있었지만, 독일에 대한 보복 조치도 있었다. 당시 미국의 맥주 산업을 이끌던 기업 대부분이 독일계였기 때문이다. 미국이 1차 세계대전에 참전하기 전인 1916년도만 해도 이 금주법에 대해서는 정치가들 스스로가 크게 관여하려고 하지 않았다. 독일계 미국인의 표심을 잃을 수 있기 때문이었다. 하지만, 1917년 미국이 제1차 세계대전에 참전해 독일과 전쟁을 벌이면서 독일계 미국인은 점점 발언권이 사라진다. 독일계 미국인이 만드는 맥주에 대한 반발도 거세졌다. 결국 수많은 독일인이 그들의 아이덴티티를 숨기게 되었다. 밀러 Müller 는 밀러 Miller 가 되었으며, 슈미츠 Schmitz 는 스미스 Smith 가 되었다.

당시 독일계 맥주 회사는 안호이저 부쉬 Anheuser-Busch, 쿠어즈 Coors, 밀러 Miller, 슐리츠 Schlitz 등이었다. 미국 내에서는 이들이 번 돈으로 독일을 지원했다는 의혹이 있었다. 하지만 독일계 맥주 회사들은 꿋꿋하게 버텼다. 이들은 무알코올 맥주를 만들기도 했다. 한 가지 흥미로운 것은 이때 맥주 회사가 캔맥주 만드는 것을 시도했다는 것이다. 물론 이전에도 시도는 했었다. 하지만 맥주 속의 탄산압을 견디지 못하고 캔의 모양이 찌그러지거나 폭발했다. 그래서 맥주 업계는 캔맥주 만들기를 포기했었다. 하지만 금주법 시대에 무

알코올 맥주를 만들게 되면서 다시 캔맥주에 도전하게 되었고, 이후 내압을 견디는 캔을 개발한다. 이것을 토대로 1935년도에 처음으로 캔맥주가 미국에서 개발된다. 금주법이 캔맥주에도 영향을 미친 것이다.

미국의 대표 카레이싱 대회이자 세계 3대 자동차경주 대회인 나스카NASCAR도 금주법에 의해 탄생됐다. 밀주를 싣고 나르는 차는 경찰의 추격을 쉽게 뿌리쳐야 했다. 하지만 무거운 술을 실은 차가 빨리 달리기는 어려웠다. 그래서 배달용 차량의 무게를 최대한 가볍게 했고, 더욱 빨리 달릴 수 있도록 개조했다. 그 개조한 차로 밤에 마피아들끼리 시합을 했던 것이 지금의 나스카 대회로 자리 잡았다.

금주법의 폐지

1933년 5월 29일, 프랭클린 루즈벨트는 1929년 주식 시장 붕괴와 그에 따른 대규모 실업으로 인한 대공황을 타개하고자 국가 비상사태를 선언했다. 국민들을 다시 일자리로 돌아가게 하기 위해 루즈벨트는 뉴딜을 제안했다. 그리고 전국산업부흥법National Industrial Recovery Act을 통과시킨다. 가능한 많은 사람들이 일할 수 있게 하는 것이 주요 쟁점이었다. 그리고 6개월 후에 금주법이 폐기되고 수많은 양조 및 증류 관련된 인력이 부활하게 되었다.

금지법이 해제된 이후 많은 위스키가 다시 등장했다. 하지만 이내 제2차 세계대전이 일어난다. 이때 수많은 미국의 증류소들은 마시는 증류주가 아닌 산업용 위스키를 생산하게 되었고, 위스키 공급은 다시 줄어든다. 이러한 상황에서 150년 전에 존재감을 잃었던 럼주가 다시 고개를 든다. 이 시기에 럼앤코카콜라 등이 등장하며 럼콕의 문화가 생기게 된다. 1945년의 럼주 소비량을 보면 전쟁 발발 직후인 1941년 대비 3배나 많은 것을 것을 알 수 있다. 럼주의 부활이었다. 1964년 미국 의회에서 켄터키 버번 위스키를 미국의 공식 상품으로 천명하고, 이 술은 미국의 전통 증류주라는 애칭으로 널리 알려지게 된다.

2013년에는 테네시주의 위스키가 버번 위스키가 아닌 테네시 위스키로 분류되었다. 버번 위스키와 다른 점은 테네시주에서 생산됐다는 점, 링컨 카운티(단풍나무 숯 여과) 작업을 거쳤다는 점이었다. 대표적으로는 잭다니엘이 있다. 이렇게 테네시 위스키가 따로 분류된 배경에는 남북 전쟁이라는 여파가 한몫했다는 주장도 있다. 버번 위스키의 95%를 생산하고 있는 켄터키주가 북군에 속했고, 테네시주는 남군에 속했기 때문이다. 사실 150년도 넘은 역사적 배경으로 인해 이렇게 나눠졌다기 보다는 버번 위스키와 차별화를 두기 위해서가 아닌가 싶다. 테네시에서는 위스키의 철자를 "WHISKY"에서 "WHISKEY"로 바꿔 켄터키 버번과 차별화를 시도하기도 했다. 다만 테네시 위스키는 일반적으로 버번 위스키로 분류되며, 우리나라 관세청에서도 버번 위스키로 분류한다. 그렇기에 이러한 분류가 절대적인 것은 아니라고 보는 것이 타당하다.

술,
마시다

산업과 문화

37

위스키를 금지하던
스코틀랜드 정부,
세수 확보로 입장을 선회하다

영국(스코틀랜드)에서는 16세기 의사 조합에게 제조 독점권을 준 이후로 전분질의 곡물을 사용해 증류주(위스키)를 제조하는 방식이 널리 퍼진다. 하지만 이 증류주 제조에 너무 많은 곡물이 사용되어 기근이 일어날 수 있다는 것을 이유로 금주령을 내린다. 다만 모두가 못 만드는 것은 아니었다. 귀족 및 신사 계급 이상은 만들 수 있었고, 또 마실 수 있었다. 이러한 금주령은 1644년까지 이어진다. 이때 스코틀랜드 정부는 위스키에 세금을 부과하기 시작한다.

스코틀랜드의 위스키가 본격적으로 소비된 것은 잉글랜드와 통합된 1714년 이후라고 본다. 잉글랜드와 정치, 경제적으로 협력하게 된 스코틀랜드는 이때부터 양국의 증류주에 과세하는 금액을 똑같이 맞췄다. 다만 잉글랜드와 가까운 로우랜드 지방은 신교도들이

　　　　3장 술, 마시다: 산업과 문화

많아 협조가 잘 이뤄졌지만, 북쪽의 하이랜드 지방은 가톨릭 신도가 많아 협조가 어려웠다. 또 대외적으로 크고 작은 전쟁이 많은 영국은 세수를 얻기 위해 몰트, 증류기, 증류액까지 모두 과세 대상으로 했다. 이러한 이유로 스코틀랜드에 밀주가 많이 생기게 된다. 밀주는 보통 동굴의 오크통에 저장했는데, 나중에 보니 이 술이 잘 숙성되어 있었다. 오크통 숙성 위스키가 탄생한 계기였다.

참고로 당시 밀주업자들은 다양한 곳에 증류주를 숨겼는데, 다리 밑, 집안의 지하실 등이었다. 증류기의 증기는 굴뚝으로 연결해 내보냈고, 술을 이동할 때는 관에 넣어서 이동하기도 했다. 절대로 마시면 안 된다는 의미로 양 전용 살충제라는 이름을 만들어 달기도 했다. 현재 양 전용 살충제라는 의미의 'Sheep dip'은 이러한 역사적 이야기를 지닌 채 위스키로 팔리고 있다.

정부는 이러한 스코틀랜드 위스키 밀주 업자들을 더욱 가혹하게 제재했다. 대영제국의 식민지 확장에 따라 스코틀랜드 위스키가 날개 돋치듯 팔렸기 때문이었다. 유통기한이 필요 없는 위스키는 관리 역시 용이했다. 영국의 상류층에서는 정기적으로 스코틀랜드에 가서 휴가를 보내는 사람도 늘어났다. 하지만 위스키의 기세가 아무리 좋았다고 해도 스코틀랜드 사람이 만드는 알코올에 지나지 않았다. 당시의 대세 증류주는 브랜디, 그중에서도 코냑이었다.

불과 200년 전만해도 밀주로 판매되던 위스키는 어떻게 시장을 넓혔을까? 이것은 와인 및 브랜디의 뼈아픈 역사에서 유래했다. 1864년, 포도나무에 아주 심각한 병충해가 생겼다. 북미에서 들여온 포도나무의 묘목에 필록셀라라는 해충이 붙어온 것이다. 이 해충은 프랑스 포도밭의 4분의 3을 파괴했다. 덕분에 와인을 증류하는 브랜디의 가격이 천정부지로 뛰었고, 병충해에서 자유로웠던 위스키가 더욱 뜨게 된다. 결국 위스키가 뜬 것은 다양한 이유가 있겠지만, 이처럼 19세기에 와인과 브랜디 산업이 위기였기 때문이었다.

참고로 필록셀라의 서식지는 북미였다. 하지만 대항해시대만 하더라도 이 병충해가 유럽으로 들어올 일은 없었다. 범선으로는 왕래하는 데 2달이 걸렸고, 보통 그 사이에 다 죽었기 때문이다. 하지만 산업혁명으로 증기선이 발달하면서 1~2주면 유럽과 북미를 왕래할 수 있게 되었다. 프랑스를 비롯한 유럽의 와인 및 브랜디 산업에 대재앙이 생기게 된 이유는 산업혁명의 가져온 비극이었다.

위스키는 제조자에게도 유리했다. 위스키의 원료 관리가 용이했기 때문이다. 보리의 경우 창고에 쌓아 놓고 사용할 수 있지만, 포도는 1~2주일 안에 바로 처리하지 않으면 상품성이 떨어졌다. 마음만 먹으면 언제든지 술을 만들 수 있는 위스키와 달리, 브랜디는 한정적인 시기에 술을 만들어야 하는 리스크가 있다. 또 와인은 포도하나로만 만들지만, 위스키는 보리뿐만이 아닌 밀, 쌀, 감자 등 다양한 곡물을 사용할 수 있었다. 날씨 역시 보리를 재배하기 편한 지역이 더 많았다.

38

위스키에
보리 외에 다른 곡물을
사용하게 된 계기

한국인에게 위스키 하면 어떤 브랜드가 떠오를까? 아마도 시바스 리갈, 조니 워커, 발렌타인, 로열 살루트 등을 언급하는 경우가 많을 것이다. 90년대부터 2000년대 초까지 해외에 나가면 꼭 사 오던 제품들이기도 하다. 이러한 위스키들의 특징이 있다면, 블렌디드 위스키 Blended Whisky라는 것이다. 다양한 위스키 원액을 섞어서 만들었다는 의미로 밀, 옥수수 등 다양한 곡물을 원료로 한 그레인 위스키 Grain Whisky와 맥아로 만든 몰트 위스키 Malt Whisky를 배합하여 맛을 낸 제품이다.

이 둘의 장점만 살려보려고 만든 것이 바로 블렌디드 위스키다. 저렴한 그레인 위스키와 맛과 향이 풍부한 몰트 위스키를 배합함으로써, 가격 경쟁력도 갖추고 맛과 향도 무난해지게 된다. 몰트 위스키와 그레인 위스키가 협업을 하게 된 셈이다. 그러면서 이 둘을 조합하는 블렌더라는 전문 직업도 등장한다. 이 블렌디드 위스키는 세계 위스키 시장의 80% 이상을 차지하고 있다. 소비자 입장에서 블렌디드 위스키와 대척점에 있는 것은 싱글 몰트 위스키 Single Malt Whisky다. 다양한 곡물의 위스키 원액으로 블렌딩하는 블렌디드 위스키와 달리, 싱글 몰트는 한 곳의 증류소(싱글)에서 오직 몰트(맥아) 하나로만 만들기에 이러한 이름이 붙여졌다. 굳이 이야기하자면 블렌디드 위스키는 일반적으로 대중적인 위스키로, 싱글 몰트 위스키는 마니악하며 보다 고급을 지향한다.

블렌디드 위스키는 300년 전만 해도 해당 명칭이 존재하지 않았다. 싱글 몰트 위스키가 당연하다 보니 싱글 몰트 위스키라는 표현도 없었다. 이러한 위스키 시장이 움직이기 시작한 것은 바로 세금 때문이다. 1725년 영국의 조지 드러먼드 하원 의원이 위스키의 주요 원료인 맥아에 세금을 본격적으로 붙이기 시작했다. 이에 스코틀랜드 위스키 제조자들은 파업을 진행하거나 군대를 몰아내고 건물을 파괴하는 등 반항을 하기 시작했다. 무엇보다 몰트가 아닌 다른 곡물, 밀, 옥수수, 감자 등을 사용, 밀주를 만들기 시작했다. 이것이 공식적인 비非 싱글 몰트 위스키, 즉 그레인 위스키의 시작이다. 여기에 1823년 주세법을 개정, 1824년에 공인 인증 증류소 제1호 더 글렌리벳 The Glenlivet이 등장하며, 스코틀랜드의 밀주 시대는 막을 내린다. 이 100년간을 일리싯 데이 Illicit Days라고 부른다.

앞서 잠깐 언급했듯이 위스키를 오크통에 숙성하게 된 계기는 이 밀주 문화였다. 밀주 시대에 인적이 드문 산속에서는 석탄이 없으니 땅속의 피트(이탄)를 사용해 불을 피웠으며, 근처에서 구할 수 있었던 오크통에 밀조된 위스키를 넣어 숨겼다. 이것이 투명했던 위스키를 호박색으로 바꿔 주었으며, 맛과 향도 부드럽게 만들었다. 특히 스페인에서 오크통채로 수입한 셰리 와인이 많아지면서 쓰고 남은 오크통이 시장에 많이 남아돌게 되었다. 이 오크통을 활용한 것이 위스키다. 위스키를 셰리 오크통에 숙성하는 문화는 이렇게 탄생했다. 이러한 밀주는 '문샤인Moonshine'이라고 불리는데, 발각되는 것을 피하기 위해 밤에 증류주를 증류하는 '문레이커Moonrakers'라는 용어에서 파생되었다.

이후 아일랜드 세금 징수관 출신의 이니아스 코페이가 특허를 낸 연속식 증류기Patent still를 통해 위스키는 대량 생산 시스템을 갖추게 된다. 맥아뿐만 아니라 옥수수, 밀 등을 사용한 저렴한 그레인 위스키가 시장을 타격하기 시작했다. 맛과 향이 풍부한 싱글 몰트 위스키에 비해 저렴한 가격의 그레인 위스키는 잉글랜드와 가까운 지역인 로랜드 지역을 중심으로 빠르게 시장을 넓히고 있었다. 이때 고가의 몰트 위스키와 저가의 그레인 위스키의 생산자들이 대립하게 된 것은 당연한 이야기였다.

몰트 위스키 VS 블렌디드 위스키

1890년, 이 문제를 해결하기 위해 특별위원회가 설치되고, 강제적인 법 조항은 필요가 없다는 것으로 결론이 난다. 이후 블렌디드 시장이 커지면서 블렌디드 위스키 업자들은 힘을 얻는다. 몰트 위스키 업자들은 반대로 기가 꺾여 버린다. 하지만 다시 올라갈 기회는 있었다. 가짜 몰트 위스키가 등장한 것이다. 한 위스키 제조사가 그레인 위스키에 소량의 몰트 위스키만 넣고 몰트 위스키라고 속여 판 것이다. 이에 힘을 얻은 몰트 위스키 업계는 '위스키는 몰트 위스키로만 한정해야 한다'는 캠페인과 시위를 진행한다. 그래서 1905년, 몰트 100%로 만들어지지 않은 '블렌디드·그레인 위스키는 위스키가 아니다'라고 주장을 하게 된다.

이는 재판으로까지 이어진다. 제1심에서는 원고의 주장이 받아들여져 몰트 위스키 측이 이기는 듯했다. 하지만 그레인 및 블렌디드 위스키 생산자들은 바로 항소를 진행한다. 그들이 주장한 것은 바로 '위스키의 정의'였다. 위스키가 무엇인지 정의부터 해야 한다는 것이었다. 1908년에 영국 정부는 왕립위원회를 설치해 기술 분석과 화학 분석까지 진행한다. 최종적으로 1909년에 블렌디드·그레인 위스키를 인정하게 된다. 원료를 맥아가 아닌 다른 곡물을 사용한다고 하더라도 몰트를 당화제로 사용하여 만든다면 위스키로 인정한다는 것이었다. 즉, 감자(원료)+맥아(당화제), 밀(원료)+맥아(당화제) 등 원료는 곡물 그 어떤 것을 써도 위스키로 인정받게 된 것이다(현재 감자 및 고구마 등은 위스키 원료로 인정하고 있지 않다). 이렇게 생산성이 좋은 그레인 위스키 및 블렌디드 위스키 등이 전 세계를 주름잡을 수 있게 되었고, 비효율적으로 보였던 몰트 위스키는 주축 시장에서 멀어져 간다.

몰트 위스키의 반격

싱글 몰트 위스키도 반격에 나선다. 1930년대 스코틀랜드의 유명 싱글 몰트 위스키인 더 글렌리벳The Glenlivet은 기존의 블렌디드 위스키와 차별화를 두기 위해 명칭을 달리한다. 언블렌디드 위스키Unblended Whisky라는 명칭이었다. 이때 더 글렌리벳 위스키는 미국에 수출하는 제품에는 숙성 년도를 표기하기로 한다. 미국의 소비자가 차별화된 제품을 원한다는 것이 이유였다.

1960년대에는 싱글 몰트 위스키라는 말이 등장하게 된다. 당시 글렌피딕 위스키의 저돌적인 광고 문구를 보자. "당신이 글렌피딕 위스키를 한 잔 마시게 된다면, 아마 블렌디드 스카치 위스키로는 절대 다시 돌아가지 않을 겁니다.When you drink Glenfiddich you may never stand for a blended Scotch again."

싱글 몰트 위스키는 다양한 곡물을 사용해 원료의 맛을 느끼지 못했던 블렌디드 위스키와 달리, 오직 몰트만 사용했다. 그래서 하나의 증류소에서 만든 싱글 몰트 위스키라는 단어가 만들어지게 된 것이다. 또 영국에서는 하이랜드 몰트 위스키라는 이름으로 팔리기도 한다. 싱글 몰트 위스키라는 단어가 정착한 것은 1990년대 들어서다. 더 글렌리벳 위스키가 언블렌디드 올 몰트Unblended all Malt라는 표기를 그만두고, '싱글 몰트'를 사용하기 시작한 것이다. 이미 싱글 몰트를 표방하고 있던 글렌피딕에 이어 세계 최대의 위스키 기업인 디아지오Diageo 산하의 브랜드도 싱글 몰트라는 용어로 표기를 통일하게 되었다. 그래서 이 싱글 몰트라는 단어는 위스키 업계의 고급 제품을 지향하는 럭셔리한 이미지로 더욱 각인되었다.

최근에는 블렌디드 위스키는 존재감이 낮아지고 있고, 싱글 몰트 시장이 두각을 나타내고 있다. 이는 위스키 시장에서 가성비보다는 가치에 집중하는 소비가 늘어났다는 의미다. 이러한 소비는 싱글 몰트 시장의 확장으로 이어지고 있다. 기다리는 자에게 복이 온다는 말이 있다. 싱글 몰트의 시대가 돌아오는 데 100여 년이라는 시간이 걸린 것이다.

39

위스키 산업의 성장을 도운
반反 위스키법

스카치 위스키의 가장 큰 특징은 3년 이상 숙성한다는 점이다. 당연히 당화, 발효, 증류까지 스코틀랜드에서 마쳐야 한다. 앞서 말했듯이 17~19세기 초, 스코틀랜드 하이랜드 지방 양조업자들이 세금 부과를 피해 동굴에 술을 숨겼는데, 수년이 지난 후 오크통에서 숙성된 술의 맛과 향이 훨씬 더 좋아진 것을 알게 되었다. 이후 위스키의 숙성을 중시하게 되었다고 알려져 있다.

하지만 실질적으로 스카치 위스키가 3년 숙성이라는 기준이 생긴 것은 이러한 배경과는 조금 무관하다. 이는 술을 끔찍이도 싫어했던 데이비드 로이드 조지라는 총리(당시 재무대신) 덕분이었다. 데이비드 로이드 조지는 영국의 복지 국가 기틀을 마련한 인물로 높은 평가를 받는다. 젊었을 때부터 금주법에 찬성했던 그는 1914년

제1차 세계대전이 발발하자, 독일 잠수함보다 위스키가 더 국민에게 해를 끼친다며, 모든 위스키는 제조 후 3년 간 팔지 말라는 법률을 제정했다. 특히 주말에 술을 마시면 차주의 노동 생산성이 떨어진다고 주장했다. 금주를 통해 노동 생산성의 효율을 높이겠다는 목적이었고, 최종적으로는 술 자체를 영원히 없애고 싶은 그의 열망이었다.

아이러니하게도 이러한 반 위스키법은 오히려 위스키 산업의 성장을 돕고 만다. 모든 스카치 위스키를 3년 동안 오크통 속에 묵힌 탓에 품질이 상향 평준화되어 버린 것이다. 숙성을 통해 수분과 알코올이 회합하며 맛이 부드러워졌고, 알코올이 증발되면서 본연의 맛이 응축, 진하고 부드러운 숙성 위스키가 제대로 탄생하게 되었다. 이전까지는 올드 위스키라고 불리며 일부 숙성하는 제품들도 있었지만, 대부분 자금 회전을 위해 몇 개월 또는 증류 후 바로 오크통에 넣어져 판매되었다. 덜 숙성된 술은 당연히 맛이 거칠었고, 향미도 부족했다. 그래서 다양한 허브를 넣어 마시곤 했다. 3년을 저장해야 한다는 법률 하나로 스코틀랜드의 위스키는 여타 증류주 등과 다른 특급 프리미엄 라인을 구축할 수 있는 인프라가 생긴 것이었다.

알코올 도수가 40도가 된 이유

현재 우리가 접하는 위스키를 보면 알코올 도수 40도가 가장 많다. 일부 위스키는 50도가 넘는 스페셜 버전도 있지만, 대중적인 위스키는 대부분 40도에 맞춰져 있다. 발렌타인, 조니 워커, 시바스 리갈, 윈저, 로열 샬루트 등 우리가 아는 대부분의 위스키가 40도다. 이렇게 된 것도 데이비드 로이드 조지의 영향이 컸다. 그는 알코올 도수도 낮추려고 했다. 당시 위스키의 알코올 도수는 44.6~48.6도였다. 1915년, 데이비드 로이드 조지는 일단 35도로 낮춰서 판매할 수 있도록 법안을 변경하고, 이후 최대 28도까지 낮추는 추가 법안도 세운다.

도수를 낮추려고 한 이유는 원가 절감이었다. 위스키의 원료는 맥아 및 곡물이다. 도수를 낮추면 물을 많이 넣을 수 있고 이를 통해 원가 및 원료 비율을 낮춰 남는 재료를 군수품으로 이용할 수 있었다. 하지만 위스키 업체들의 반발이 엄청났다. 도수를 이렇게 낮춰버리면 위스키가 되지 않는다는 것이었다. 맛과 향이 확 줄어든다는 것이 그 이유였다. 향수를 보면 이러한 상황을 이해할 수 있다. 일반적으로 판매되는 향수의 알코올 도수는 70~90도 정도다. 만약 알코올 도수를 낮추면 휘발성 향미가 적어지고, 향수의 역할을 하지 못하게 된다. 위스키 역시 도수를 낮추면 위스키 특유의 향미가 적어진다. 결국 정부와 위스키 업체들이 타협한 알코올 도수가 40도였다. 알코올 도수가 40도 이상이어야 완벽한 무균 상태가 된다는 주장도 있었다. 이렇게 되면 절대적으로 상할 일이 없어 유통기한 자체가 필요 없어지는 것이다.

40이라는 숫자는 서양 역사와 문화에서 중요한 숫자기도 하다. 기독교, 나아가 근동의 역사까지 아우르는 숫자다. 노아의 홍수 때 40일 동안 비가 내리고, 유대인이 이집트를 탈출한 이후 40년을 광야에서 헤매고, 모세와 예수 역시 40일 동안 단식하며 기도했다. 여기에 다윗 왕과 솔로몬 왕의 재위 기간도 40년이었다. 또한 《알리바바와 40인의 도둑》에 등장하는 40이라는 숫자를 보면 단순히 기독교적 사상만은 아닌 듯하다. 중세 시대에 흑사병이 창궐했을 때, 흑해나 오스만 제국 등에서 베네치아로 배가 들어오면 방역 조치로 40일간 부두에 머무르게 했다.

고난의 세월을 지나 영국 최고의 효자 상품으로

세계대전 동안 위스키 증류소는 고난의 세월을 보내고 있었다. 3년간의 판매 금지는 물론 전쟁과 미국의 금주법 시행으로 판매처조차 사라지고 있었다. 이러한 스카치 위스키에게 찬스가 찾아온다. 바로 제2차 세계대전이었다. 유럽 전장을 찾은 수많은 미군에게 3년 이상 숙성한 고급 스카치 위스키를 맛보게 한 것이다. 기존과 다른 부드러움과 터치감에 미군들은 환호했고, 전쟁에서 승리 후, 미국 내 스카치 위스키의 판매량은 최고치를 기록한다. 끝까지 살아남은 것이 성공의 길로 이어진 것이다. 위스키를 없애기 위한 반 위스키법이 오히려 위스키를 중흥시킨 흥미로운 사례다. 스카치 위스키는 데이비드 로이드 조지 덕분에 최고급 증류주로 세계 시장에서 인정을 받으며 전 세계 200여 국에 수출되었고, 약 6조 원의 수출 규모를 가진 영국 최고의 문화 상품이 되었다.

이쯤 되면 '데이비드 로이드 조지는 위스키를 좋아하지 않았나'라는 음모론도 생각해 본다. 재무부 장관 출신이었던 만큼 숫자에 밝았고, 통찰력이 어마어마했으며, 제1차 세계대전까지도 승리로 이끈 인물이기 때문이다. 위스키의 미래를 보고 스스로 엑스맨을 자청한 게 아닐까. 상상만으로도 술의 세계관이 넓어지는 느낌이다.

40

위스키의 원조,
아일랜드 위스키

세계 5대 위스키 국가라고 불리는 나라들이 있다. 스코틀랜드, 아일랜드, 미국, 캐나다, 일본이다. 스코틀랜드가 1위인 이유는 간단하다. 전 인구의 18%가 위스키 관련 산업에 종사하고 있으며, 스카치 위스키는 전 세계 위스키의 약 60%를 차지하고 있기 때문이다. 스코틀랜드는 곧 위스키이며, 위스키는 스코틀랜드라고 말할 수 있을 정도다. 이렇게 되면 위스키의 원조가 스코틀랜드라고 생각하기 쉽다. 하지만 일반적으로 아일랜드 위스키, 즉 아이리쉬 위스키를 원조로 언급한다. 구전에 따르면 6세기에 중동 지역을 방문한 아일랜드의 수도사가 향수를 만들기 위한 증류 기술을 가지고 왔고, 이것을 술에 적용했다고 말한다. 프랑스 왕비였던 엘레노르와 결혼한 잉글랜드왕 헨리 2세의 아일랜드 원정 이후, 아일랜드의 사정을 담

3장 술, 마시다: 산업과 문화

은 자료에 아일랜드 보리로 만든 증류주가 있다고 말하고 있으나 정확한 사료는 없다. 당시 아일랜드에서 마신 증류주는 맥주를 증류한 술로 알코올 도수 20도에 과일, 꿀, 허브를 넣고 만들었다고 한다.

세계에서 가장 오래되었다고 주장하는 증류소도 아일랜드(현재는 북아일랜드)에 있다. '올드 부시밀즈 증류소 Old Bushmills Distillery'라고 불리는 이곳은 스코틀랜드, 아일랜드의 왕으로 취임된 제임스 1세로부터 면허를 받은 가장 오래된 증류소다. 바틀에는 1608이라고 각인되어 있는데, 사실 정확한 년도는 1784년이다. 18세기가 되자 아이리쉬 위스키에 대한 평가가 상승했고, 러시아의 표트르 대제도 절찬을 하기도 했다. 18세기에는 약 2,000개의 증류소가 있었다. 20세기 초까지만 해도 아이리쉬 위스키는 전 세계 위스키의 60%의 시장 점유율을 가지고 있었다. 위스키의 스펠링은 Whisky와 Whiskey다. Whisky는 스카치 위스키 등에 주로 쓰이며, 아일랜드에서는 Whiskey를 많이 쓴다. 미국에서도 주로 Whiskey를 많이 쓴다. 미국의 인구 분포를 보면 15%가 독일, 오스트리아의 게르만계, 그리고 11%가 아일랜드계다. 스코틀랜드는 1.7%다. 미국에서 아이리쉬 위스키의 인기가 스카치 위스키보다 높았던 것은 당연한 이야기였다.

하지만 아이리쉬 위스키는 점점 존재감을 잃어간다. 일단 아이리쉬 위스키는 대부분 몰트 위스키였다. 앞에서 언급했듯이 1909년에 몰트 위스키는 블렌디드 위스키와의 법적 다툼에서 패소했다. 이때 몰트 위스키 쪽에 있었던 것이 아일랜드와 스코틀랜드 북부의 하이랜드 지방 사업자였다. 역설적인 것은 이 연속식 증류기를 통해 특허를 받은 사람은 이니아스 코페이라는 아일랜드인이라는 것이다. 로버트 스타인이라는 사람이 발명했지만, 특허는 아일랜드인의 몫이었다.

이때부터 몰트 위스키를 중심으로 판매하던 아이리쉬 위스키는 힘을 완전히 잃어간다. 그리고 1920년부터 시작된 미국의 금주법으로 미국 수출길까지 막혀버린다. 여기서 더 최악은 미국에서 팔렸던 밀주가 아이리쉬 위스키 라벨을 달고 팔렸다는 것이다. 이런 질 낮은 가품으로 인해 아이리쉬 위스키의 이미지는 더욱 나빠질 수 밖에 없었다. 제2차 세계대전, 영국을 도와 연합군으로 참전한 미군은 전장에서 수많은 스카치 위스키를 접한다. 이 술들이 미군에게 인기가 높아지면서 미국으로 자연스럽게 넘어간다. 이렇게 스카치 위스키는 미국 시장을 잡으면서 위스키의 헤게모니를 가져가고, 반대로 아이리쉬 위스키는 존재감을 완전히 잃게 된다.

1950년대부터 아이리쉬 위스키의 증류소 폐업과 합병이 이어졌다. 이때 아이리쉬 위스키에게 희망을 준 음료가 있었는데, 바로 커피였다. 아일랜드의 섀년 공항Shannon Airport에서 판매한 아이리쉬 커피가 히트를 쳤기 때문이다. 이 아이리쉬 커피에는 아이리쉬 위스키가 들어간다. 이것으로 아이리쉬 위스키가 알려지며 조금씩 그 존재감이 드러나게 된다. 이후 1966년 위스키 라이벌 회사였던 제임슨과 존 파워, 남부의 코크가 합병, IDC라는 회사가 결성된다. 여기에 세계에서 가장 오래되었다는 부시밀즈 증류소도 참여하게 된다. IDG가 탄생되고, 1987년 작은 증류소를 설치하라는 국가 정책에 의해 2019년 12월 기준 32개의 위스키 증류소가 아일랜드에서 운영 중이다.

3장 술, 마시다: 산업과 문화

41

새 술을
새 부대에 넣으라는 이유

와인이 발달할 수 있었던 것은 끊임없는 무역 교역에 있다. 그 무역을 견인한 것은 와인을 담는 저장 용기다. 파손되지 않고 멀리 가는 것이 너무나도 중요했기 때문이다. 그렇다면 와인은 어떻게 이 렇게 수출이 용이하게 되었을까? 대표적인 이유는 저장 및 운반 용 기의 발달이었다. 중동 지역의 가죽 부대가 그 효시로 양이나 염소 가죽으로 와인을 운반했다. 비도 적으니 잘 상할 일도 없었으며, 가 볍고 사람이 짊어지고 가기에도 적당했다. 낙타 등에 올려도 형태가 잘 바뀌는 가죽 부대의 특성으로 운반하기도 편했다. 다만 내구성이 약했다. 특히 안에서 재발효가 일어나면 탄산이 일어나 팽창하게 되 는데, 이럴 때 가죽 부대가 터지곤 했다. 특히 이제 막 담은 와인은 더욱 재발효가 일어나기 쉬웠다. 그래서 성경에는 '새 와인은 새 부대 New wine must be poured into new wineskins 에' 담으라고 언급하고 있다. 낡은 가죽 부대에 발효가 일어나면 쉽게 터졌기 때문이다,

이러한 것을 해결한 것이 고대의 항아리 암포라였다. 암포라는 고대 이집트, 페니키아, 그리스, 로마시대까지 사용된 와인 용기다. 송진을 이용해 내부를 코팅, 밀랍으로 코팅을 하여 공기 및 세균의 침입을 막았다. 양쪽에 손잡이도 있어서 들기도 편했다. 지중해 연안의 국가들이 많이 사용한 만큼 배로 운반했고 찢어지는 일이 없으니 훨씬 효용가치가 높았다. 암포라의 등장으로 와인에 산지 및 생산 년도 등 다양한 기록을 넣을 수 있었다. 현대 와인 라벨의 효시인 셈이다. 단점은 너무 무거웠다는 것이다. 50L의 와인을 담은 암포라의 무게는 거의 100kg에 가까웠다. 와인 무게만큼의 무게를 가지고 있었던 것이다. 그리고 토기인 만큼 위로 쌓을 수가 없었다. 깨질 수 있기 때문이었다. 그래서 늘 옆으로 세울 수밖에 없었고, 상대적으로 위의 공간은 남을 수밖에 없었다.

이러한 암포라의 문제를 해결한 것이 오크통이다. 오크통의 가장 큰 장점은 가볍다는 것이다. 암포라 무게의 5분의 1밖에 되지 않았다. 게다가 내구성이 정말 훌륭했다. 한 곳이 깨지더라도 풀어서 다시 만들 수 있었다. 그래서 저장 용기를 위아래로 쌓을 수 있게 된다. 공간 활용도가 높아진 것이다. 이동하기도 편리했다. 용기 모양이 타원형을 하고 있어 마차가 없어도 굴릴 수 있었다. 여기에 오크나무 특유의 향과 맛이 배게 되었다. 범선을 타고 지중해에서 영국 및 북해로 수출을 하면서 배 안에서 자연스럽게 숙성이 되었다.

3장 술, 마시다: 산업과 문화

오크통은 원래 게르만족이 맥주를 담았던 통이었다. 하지만 로마인이 이 오크통의 장점을 발견하고 와인에 적용한 것이다, 하지만 오크통 속의 와인은 탄산이 오래 지속되기 어려웠다. 빈틈으로 탄산이 새어 나갈 수 있기 때문이다. 이것을 해결한 것이 유리병이다. 유리가 등장하게 된 것은 기원전 4,000년 전 메소포타미아 문명이다. 중세 시대에는 유리 기술을 가지고 있던 스페인의 이슬람 계열 무어인이 와인을 유리병에 담아 마셨다는 기록이 있지만 이동용으로는 내구성이 약했다.

하지만 17세기 유리 산업에 혁신적인 발견이 이뤄진다. 바로 석탄을 이용해 유리를 만드는 것이었다. 기존의 목재로는 높은 온도를 내는 것이 한계가 있었는데 석탄으로 문제를 해결할 수 있었다. 와인을 오크통에 담아 수출하던 방식에서 이제 유리병에 담아 수출하는 것으로 변하게 되었다. 그리고 각각의 유리병에는 보다 자세한 제조자 및 유통업체들의 이름이 담기기 시작했다. 와인 브랜드의 본격 등장인 것이다.

이후 코르크 마개도 등장한다. 코르크 마개가 등장하기 전에는 밀봉이 완벽하지도 않았고, 밀봉하는 과정도 복잡했다. 게다가 한번 열면 저장성 좋게 다시 막기도 어려웠다. 하지만 코르크의 등장으로 와인은 거의 완벽하게 밀봉이 되었다. 코르크 마개는 다량의 공기로 와인이 산화되는 것을 막아주면서 아주 미세한 양의 산소가 천천히 유입되는 덕분에 유리병 내에서도 와인을 숙성시킬 수 있었다. 유리병 내 와인 숙성이라는 새로운 바람이 불게 된 것이다. 우리의 식탁에 놓여 있는 와인은 문제를 해결해 나가고자 하는 인간의 노력이 있었기에 탄생할 수 있었다. 필요는 발명의 어머니라는 에디슨의 말이 생각나는 대목이다.

3장 술, 마시다: 산업과 문화

42

절세를 위해 얇아진
와인잔의 역사

집에서 술을 즐길 때 한층 더 기분 좋게 마시는 방법은 뭐가 있을까? 당연히 좋은 음식과 좋은 술이겠지만, 같은 맛의 술을 한층 업그레이드해 주는 마법과 같은 역할을 하는 것이 있다. 바로 술잔이다. 눈으로 보고, 손으로 잡으며, 술을 따르고, 입술과 맞닿는 잔은 어떻게 보면 주류 아이템 중에서 가장 중요한 굿즈Goods라고 볼수 있다. 그래서 최근에 출시되는 제품들은 아예 홈술 세트와 같은 개념으로 전용잔과 함께 판매한다. 적어도 집에서는 회사 회식처럼 즐기기 싫어서다. 그렇다면 어떤 전용잔이 최근에 가장 많이 판매될까? 당연히 와인잔이다. 특히 코로나19가 창궐했던 시기, 홈술이 유행하면서 마트의 와인 매출이 30% 이상 증가했기 때문이다. 그렇다면 와인잔에는 어떤 종류들이 있을까?

와인잔의 기원은 교회의 성배다. 중세 교회에서는 예수가 마셨다는 성배를 재현했는데, 그 성배 스타일이 지금 와인잔의 기원이 되었다고 한다. 와인잔의 가장 큰 특징은 스템 Stem, 즉 다리가 달린 것이다. 이러한 형태는 이미 그리스, 로마 시대에 있었다. 그렇다면 왜 다리가 달렸을까? 생각해 보면 간단하다. 그들에게는 테이블이라는 문화가 깊숙이 자리잡고 있었기 때문이다. 이 테이블에서 소믈리에는 서서 술을 따라주곤 했다. 그렇다 보니 낮은 잔보다는 높은 잔이 따르는 데 훨씬 유리했다. 한국도 알고 보면 비슷하다. 술잔에 다리는 잘 없지만, 술을 받을 때 손을 들어 주는 것이다. 또 잔의 크기도 지금보다 훨씬 컸다. 당시에는 술을 도자기나 가죽 주머니에 넣고 따르는 경우가 많았다. 그렇다 보니 잔의 폭이 좁으면 흘리기도 쉬웠다. 그래서 폭이 넓은 잔을 사용할 수밖에 없었다. 마치 말통 속의 막걸리를 사발에 따르듯 말이다.

또 이러한 넓은 잔은 다양한 허브 및 과일을 넣고 섞기도 편했다. 현대의 와인은 포도 열매뿐만이 아닌 포도 껍질, 줄기 등도 맛에서 일부분을 차지한다. 하지만 고대의 와인은 포도를 바로 착즙하고, 숙성하는 과정이 적다 보니 맛에 다소 심심한 부분이 있을 수 있다. 그래서 고대의 와인에는 벌꿀, 허브, 송진 등 다양한 허브를 넣어 마셨다. 알고 보면 화채와 같은 개념이다. 그래서 섞이기 편한 넓은 잔이 편리했을 것이다. 지금의 스페인식 와인 칵테일 상그리아와 유사하다고 볼 수 있다.

유리로 만든 와인잔은 15세기부터 등장한다. 하지만 당시에는 목재로 열을 내다 보니 높은 온도를 내지 못했고, 표면이 자꾸 깨져 상용화되지 못했다. 이러한 현상이 1600년대 조금씩 개선되는데, 연료가 석탄으로 바뀌면서 고온으로 유리를 가공할 수 있었고, 점차 강도가 높은 유리가 나오기 시작했다. 1700년대에 들어서자 와인 업계에서의 유리 산업은 탄력을 받게 된다. 와인잔은 지금보다 현저히 작았다. 이유는 유리에도 세금이 붙어 있었기 때문이다.

시작은 바로 창문세 Windows Tax 다. 명예혁명으로 왕이 된 영국의 윌리엄 3세는 1696년, 국가 재정을 충당하기 위해 창문에 세금을 부과하기 시작했다. 납세자가 소유한 집의 창문 수에 근거해 세금을 부과했다. 초기 목적은 큰 집을 가진 부자들에게 세금을 많이 걷으려고 했던 것이었다. 원래는 난로세를 추징하려 했으나 모든 집에 들어가 난로의 수를 확인해야 하는 번거로움이 생기자 밖에서 확인할 수 있는 창문세를 도입한 것이다. 창문세는 1851년 주택세의 도입으로 폐지되기 전까지 무려 150년 가까이 시행되었다. 당시 남아 있는 건물을 보면 창문의 흔적만 남은 경우가 많다. 절세를 위해 있는 창문도 없앤 것이다.

1745년에는 아예 유리잔세 Glass Tax 를 부과하게 된다. 그래서 유리 업자들은 유리잔의 디자인을 변경한다. 두꺼운 유리 손잡이는 얇아졌고, 속이 빈 상태로 출시되었다. 와인잔은 점점 작아지기 시작한다. 이러한 제도는 1845년까지 이어진다. 덕분에 영국의 유리 산업은 발달이 늦어진다. 참고로 프랑스에서는 창문의 폭에 맞춰 세금을 징수했다. 결국 폭은 좁게, 길이는 긴 네덜란드 스타일 들의 집이 완성된다. 프랑스는 창문의 폭이 좁아야 세금을 적게 낸 만큼, 좁고 긴 창문 스타일이 나오게 된다. 다만 프랑스에는 술잔과 병에 유리세라는 개념은 없었다. 그래서 유리로 된 와인 및 샴페인이 본격적으로 나올 수 있었던 것이며, 와인 등의 발전에 더욱 박차를 가할 수 있었던 것으로 보인다.

현대의 투명한 달걀 모양 와인잔은 언제부터 만들었을까? 그 역사는 의외로 짧다. 1950년대 오스트리아 유명 유리 제조사 리델이 시작했다고 볼 수 있다. 당시 이탈리아에서 기존과 달리 와인이 많이 들어가는 참신한 스타일의 와인잔 제작을 요청받았고, 리델사는 유리의 두터운 감촉이 술맛을 방해하지 않도록 얇게 제작했다. 디자인은 서양배나 계란을 상기시키는 모습으로 만들었는데, 향을 모아 주기 유리한 모양이다. 이렇게 와인잔을 얇게 만들기 위해서 직접 사람이 불어서 유리를 가공했다. 이 와인잔의 성공에는 주요한 마케팅 포인트가 있었다. 이 와인잔으로 마시면 와인이 맛있어진다는 소문이 퍼지게 된 것이다. 다만 이런 와인잔이 모든 생산자에게서 호평을 받은 것은 아니었다. 특히 부르고뉴 지방에서 호평을 받은 와인잔은 또 보르도의 생산자들에게는 혹평을 받기도 한다. 이에 각각의 생산자들과 의견을 맞춘 와인잔이 등장하게 된다.

43

청일 전쟁이 발전시킨
일본의 사케 산업

사케는 수출에 있어서는 20년간 급속도로 성장을 하고 있다고 해도 과언이 아니다. 최근 20년간 40배 가까운 성장을 하고 있다. 중요한 것은 거의 매년 흔들리지 않는 성장세를 보인다는 것으로, 사케의 수출은 꾸준히 20% 전후의 성장세를 보인다. 그렇다면 무엇이 이렇게 지속적인 성장을 할 수 있도록 돕는 것일까?

일본 사케도 꽤 오래된 역사를 가지고 있다. 일본에서는 15,000년 전 포도 씨가 있는 항아리가 발견되면서 구석기 시대부터 술이 있었다고 하며, 《삼국지》 위서 동이전에는 왜인은 술을 즐긴다는 기록도 보인다. 9세기부터는 주로 사찰에서 술을 많이 빚었는데, 청주라는 단어가 이때 나오기도 한다. 카마쿠라 시대(1185~1333)에는 급료가 술로 지급되기도 했으며, 거대한 양조장이 등장하기도 한다. 무엇보다 지역 사케가 16세기에 본격적으로 나오게 되는데, 임진왜란을 침공한 도요토미 히데요시가 일본을 통일하면서 전국에 있는 술을 다 모아서 파티를 벌인 것이 지역 사케의 시작이라고 할 수 있다.

일본 사케가 본격적으로 발전한 계기는 바로 1895년에 일어난 청일 전쟁에서의 승리였다. 일본은 승리한 배상금으로 술 산업의 근대화에 투자한다. 특히 술의 발효를 돕는 미생물학 관련 부분에 적극 투자했으며, 발효주인 일본 사케의 안정적인 생산 및 출하에 힘을 쏜다. 이렇게 힘을 쏜 이유는 당시 전체 세수의 33%를 주세가 차지했기 때문이다. 그래서 더욱 술 산업을 키워야 한다는 것이 주류였다.

1899년에는 세수 확보를 위해 일본 내 일본식 탁주인 도부로크 등의 자가 양조를 금지하고, 1904년에 기획재정부와 유사한 오크라쇼大蔵省 산하에 국립양조시험소를 설립한다. 이는 이후에 주류총합연구소가 된다. 1905년 전국의 양조기술자를 초대한 것을 시작으로 다양한 양조 강습을 시작한다. 1911년에는 사케 맛과 품질을 경쟁하는 전국신주감평회全国新酒鑑評会를 개최한다. 초기에는 단순히 사케(청주) 중심의 개발이었다면, 1960년대부터는 전국양주감평회, 1977년도에는 중류식 소주 감평회 등을 진행, 다양한 술의 구분과 주질酒質을 높이는 데 공헌한다.

일반인에게는 술에 대한 견학과 교육을, 해외로 수출하는 술에 대해서는 성분 분석을, 해당 국가의 법령에 맞게끔 자문도 진행한다. 또 설비를 갖추지 못한 영세한 양조장을 위해 다양한 연구 시설까지 대여한다. 동시에 다양한 일본식 양조 용어를 영어로 공식 번역하여 해외로 나가는 자국의 술 용어에 혼동이 없게 한 것도 사케가 세계적인 성공을 거두는 데 큰 역할을 한다. 또 그 해에 수확한 사케용 쌀을 전분, 수분, 단백질, 지방 비율 등으로 분석, 발효 및 숙성 기간, 물을 넣는 비율 및 온도까지 모두 계산한다. 그해의 작황에 따라 술이 실패하거나 문제가 생기는 것을 최소화한다. 이렇다 보니 상당히 안정적인 술이 만들어질 수밖에 없다.

가장 중요한 것은 알코올 발효를 담당하는 효모를 700종 이상이나 개발한 것이다. 효모酵母의 한자는 술 유酉에 효도할 효孝, 그리고 어머니 모母다. 술에 가장 도움이 되는 존재를 만든다는 것이다. 효모는 당분을 먹고 알코올을 배출하는 가장 중요한 역할을 하는 미생물이다. 이 효모의 종류는 수천 종에 이르며, 사람마다 성격이 다르듯이 효모 역시 종류에 따라 술의 향과 맛을 다르게 만든다. 주류총합연구소는 이러한 효모를 100년 전부터 본격적으로 분류 및 개발했다. 향과 맛에 따른 분류는 물론, 생육 온도, 거품의 생성 여부, 발효 기간 등 발효 환경에 따른 분류, 와인 및 소주 등 주종에 맞는 주원료에 따른 분류 등 이제까지 700종류 이상의 효모를 개발하여 산하기관인 일본양조협회를 통해 배포하고 있다. 대규모 R&D 투자에 한계가 있는 중소 양조장에게는 다양한 선택의 폭을 제공해 해당 양조장에 적합한 효모를 선택할 수 있게 하고, 이를 통해 주질을 높이며, 결국 수출까지 이어질 수 있는 안정적인 제품을 만들 수 있게 도와준다. 주류총합연구소는 자본이 약한 중소 양조장에게는 없어서는 안 되는 존재다.

현재 일본의 사케 시장은 두 갈래로 나눠져 있다. 하나는 감미료 등을 넣은 저가 시장, 또 하나는 쌀과 물과 누룩, 또는 쌀의 도정

률을 높인 프리미엄급(순미주 이상급)이다. 특이한 것은 저가 사케 시장이 끊임없이 줄고 있다는 것이다. 알코올을 떠난다는 알코올바나레 アルコール離れ라는 신조어까지 일어날 정도로 일본의 술 시장은 작아지고 있다. 하지만 이런 상황 속에서도 약진을 하는 부분이 있는데, 바로 프리미엄급 사케 시장이다. 내수 시장에서의 술 소비가 떨어지는 상황에서 이 프리미엄 사케만은 약진을 하고 있다. 이러한 술이 지역의 문화와 역사, 그리고 음식과 연동되기 때문이다. 취하는 술에서 문화를 즐기는 술 문화로 바꿔가고 있다는 의미다.

[44]

일본이 위스키로
유명해진 이유

2021년 8월, 홍콩에서 흥미로운 경매가 있었다. 바로 일본 위스키에 대한 경매였다. 해당 제품은 같은 해 산토리 홀딩스에서 출시한 싱글 몰트 야마자키 위스키 55년 숙성으로, 100병만 한정 출시한 제품이었다. 주류 경매는 프랑스의 와인 및 코냑, 스코틀랜드의 위스키가 최고가 라인을 형성하고 있었다. 아무리 일본 위스키가 떠오르는 별이라고 해도, 억대의 금액을 생각하기는 어려운 상황이었다. 하지만 최종 낙찰 가격은 79만 5,000달러로, 우리 돈으로 9억 원 정도의 금액이다. 일본 위스키의 최고가 갱신은 물론, 위스키 최고가 TOP 10 반열에 드는 가격이었다. 현재 일본은 미국, 스코틀랜드, 아일랜드, 캐나다와 함께 위스키 5대 국가로 알려져 있으며, 해외 수출도 사케에 이어 2위(약 1,400억 원)를 달리고 있다. 일본 국내

시장에서 위스키는 무려 8년 연속 성장세를 보이고 있다. 일본의 위스키는 언제부터 이렇게 주목을 받았을까? 그리고 이렇게 주목받는 이유는 무엇일까?

마케팅과 기술의 만남

일본 위스키의 시작은 약 150년 전으로 거슬러 올라간다. 1860년대, 요코하마의 한 호텔에서 위스키를 판매한 기록부터 시작이다. 이후 약 70년 동안은 주정에 색소 및 감미료를 넣어 만든 유사 위스키만 판매한다. 우리로 따지면 70, 80년대의 대표 유사 위스키였던 베리나인이나 도라지 위스키와 비슷한 주류라고 할 수 있다.

이러한 시장 속에서 1920년 전후로 제대로 된 위스키를 만들겠다는 움직임이 생긴다. 당시 사케 양조장의 아들이며, 직원이었던 타케츠루 마사타카는 1916년 위스키를 배우러 스코틀랜드로 가게 된다. 스코틀랜드의 글래스고 대학 등에서 공부한 그는 2권의 두툼한 노트에 위스키에 관한 기록을 가지고 4년 후 일본에 귀국하게 된다. 하지만 그가 귀국한 1920년대는 위스키를 비롯한 증류주를 시작할 시기가 아니었다. 미국에서의 금주령이 본격적으로 시행되는 등, 사회에서 술에 대한 인식이 나빠질 때였다. 회사의 주주들 역시 위스키 제조에 대해 회의적인 시각을 가지고 있었다. 타케츠루는 2년 후 사케 양조장을 퇴직하게 된다. 이때 일본에서 와인 사업을 하던 지금의 산토리 주류의 창립자 토리이 신지로가 그를 스카우트한다. 그 역시 위스키에 대한 꿈을 가지고 있었고, 타케츠루는 근속

연수 10년을 약속받고 개발에 몰두하게 된다.

마케팅 전문가인 토리이 신지로는 판매를 위해서는 도심 중심에 증류소를 세울 것을 건의했다. 기술 담당인 타케츠루는 스코틀랜드와 유사한 홋카이도로 가야 한다고 주장했다. 둘은 합의해서 도심에 가까우면서 최대한 스코틀랜드와 유사한 지역을 찾아낸다. 오사카의 야마자키山崎란 지역이었다. 이곳에서 일본 최초의 위스키가 탄생하게 된다. 두 사람이 만든 첫 위스키는 1929년도에 나왔다. 제품명은 산토리 시로부타白札로, 산토리의 흰 라벨이라는 의미다. 결과적으로 이 제품은 실패했다. 스코틀랜드에서 가져온 피트 향이 너무 강했기 때문이다. 당시 위스키에서 나오는 피트 향을 몰랐던 일본 소비자들에게는 괜한 향내로만 여겨졌다.

그로부터 7년 후에야 메가 히트작이 나오게 된다. 지금도 산토리 위스키의 대표 제품인 카쿠빈角瓶이다. 증류소 부지를 찾고, 세우고, 성공까지 15년이 걸렸다. 이후 산토리 올드, 산토리 리저브 등 다양한 제품으로 라인업이 형성되었다. 대중적인 제품과 고급 제품의 라인업이 형성된 것이다.

일본 위스키의 성장

일본 위스키는 1964년도의 도쿄 올림픽을 전후로 엄청난 성장을 하게 된다. 상류층의 술이 아닌 서민의 술로 발전하게 되는 것이다. 이때, 위스키가 독주라는 이유로 사회적 이슈가 발생한다. 위스키가 과음을 유발한다는 것이었고, 도수 높은 술은 건강에 나쁘다는 것이었다. 이때 여기에 일본인의 체질에 맞게 과음하지 말라는 의미에서 킵Keep 문화도 만들어 낸다. 하루에 다 마시지 말고 천천히 마시라는 의미였다. 여기에 도수도 낮추게 된다. 일본 위스키에 얼음, 소다, 따뜻한 물을 넣는 문화가 본격적으로 생겨난다. 이는 위스키를 사케(일본식 청주)와 비슷한 도수인 15도 전후의 술로 만드는 일이었다. 서양에서는 일본만큼 위스키에 얼음을 넣어서 마시지 않는다. 스트레이트로 마시거나 칵테일로 마시는 정도다. 온더록스 문화는 거의 일본이 이끌었다고 해도 과언이 아니다. 이렇게 도수를 낮춘 일본 위스키는 천천히 일식 문화와 더불어 식중주로도 성장을 하게 된다. 유흥주점에서만 마시는 우리와는 사뭇 다른 이미지인 것이다. 결국 제대로 된 음주 문화가 발달하기 위해서는 단순한 폭음이 아닌 음식과 잘 맞는 주류로서의 자리매김이 중요하다는 것을 보여 준다.

일본 위스키는 2000년대 들어와서 세계적인 평가를 받기 시작한다. 2001년에 닛카 위스키의 싱글 캐스트 10년이 월드 위스키 어워드로 최고 득점을 받고, 2006년에는 가루이자와 퓨어 몰트가, 2015년에는 야마자키 싱글 몰트 셰리 캐스트, 최근에는 산토리의 히비키 21년이 위스키 바이블Whisky Bible 에서 세계 최고의 위스키로 선정되었으며, 2018년에는 산토리 학슈 25년이 월드 베스트 싱글 몰트, 요이치 증류소의 타케츠루 17년은 월드베스트 블렌디드 위스키로 선정이 된다.

물 들어올 때 노 저으라고 했던가. 2000년대 이후, 산토리는 두 가지 노선의 마케팅 전략을 세운다. 기존의 고급 소비층만 노리는 것이 아닌, 대중적인 소비층을 적극 노리기 시작한다. 도수를 낮춰서 맥주처럼 편하게 마실 수 있게 하이볼(위스키 탄산수)을 토대로 적극적인 마케팅을 벌인다. 이를 통해 위스키를 어려워하던 여성 소비자조차 위스키에 쉽게 다가갈 수 있었다. 일본 주류 시장에서 위스키는 맥주를 대체하기 시작했고 일본의 맥주 소비량은 13년 연속 줄고 있다.

위스키 장인을 주인공으로 한
NHK 아침 드라마의 대히트

일본 위스키를 대히트시킨 최고의 공로자는 사실 드라마였다. NHK에서 타케츠루를 모티브로 만든 드라마 〈맛상〉이다. 2014년 9월부터 2015년 3월까지 방영한 이 드라마는 아침이라는 시청률이 낮은 방송 시간대에도 불구하고 23%라는 최고의 시청률을 기록한다. 일본 위스키의 저변 확대 및 소비 촉진을 불어 넣었다. 타케츠루는 유학 시절 리타라는 영국 여성을 만났는데, '맛상'은 당시 리타가 타케츠루를 부르던 애칭이었다. 드라마의 영향력은 어마어마했다. 위스키와 타케츠루 대한 서적은 나오자마자 절판이 되었고, 산토리에서 나온 후 타케츠루가 차린 닛카 위스키의 요이치 증류소의 견학자는 36%가 늘었다. 그가 기술자로 있던 산토리 위스키도 최고의 인기를 달렸다. 닛카 위스키 증류소가 있는 북해도 요이치 시에는 타케츠루 동상이 세워졌고, 주력 제품의 매출은 50% 가깝게 올랐다. 하지만 예상치 못한 판매량에 산토리 위스키는 히비키 17년과 학슈 12년의 판매를 일시 중지한다. 바로 만들 수 있으면 좋겠지만,

해당 위스키는 완성까지 10년 이상이 걸린다. 결국 일반 소비자가로
이 제품을 마시기는 쉽지 않은 상황이 된다. 이러한 상황이 산토리
위스키의 위상을 오히려 올려 줬다. 전당포에서 위스키로 저당을 잡
고, 대출까지 해 주는 상황까지 오게 된다.

　　　　　　　　　　　3장 술, 마시다: 산업과 문화

45

일제가 들여온
한국의 사이다

어릴 적 나의 관심사는 술을 뭘로 만드는지에 관한 것이었다. 막걸리는 쌀, 맥주는 보리, 와인은 포도가 대표적인 재료다. 이들의 공통점은 당Sugar을 가지고 있다는 것(곡물도 전분이라는 복합당을 가지고 있다)이다. 그리고 그 당이 효모에 의해 발효되면 알코올이 된다. 뒤집어 이야기하면, 당과 수분만 가지고 있으면 그 어떤 재료로도 술을 만들 수 있다. 그래서 사탕수수로 럼을 만들고, 감자로 독일의 증류주인 슈냅스 또는 보드카를 만든다. 옥수수로 미국의 버번 위스키도 만들며, 수수로는 중국의 고량주를 만든다. 몽골에서는 말의 젖을 이용한 마유주가 있으며, 북유럽에서는 벌꿀로 빚은 미드Mead라는 술이 있다. 전 세계적으로 쌀, 밀, 보리, 포도를 가지고 술을 많이 만드는 이유는 해당 농산물이 술 빚기에 효율이 좋기 때문이다. 과실 중에서는 와인용 포도가 가장 당도가 높으며, 쌀과 밀은 저장성이 좋다. 한마디로 적자생존의 법칙에서 잘 살아난 나름 진화한 열매들이다.

보리, 밀, 포도 다음으로 술로 많이 만드는 농산물은 유럽만 본다면 사과다. 사과는 술 원료 중 굉장히 중요한 위치를 차지한다. 이렇게 사과로 만든 발효주를 프랑스 북부 노르망디 지역에서의 시드르Cidre, 스페인에서는 서북부의 시드라Sidra. 그리고 영국에서는 사이더Cider로 불린다. 그리고 이 사이더라는 이름은 일본을 거쳐 우리나라에는 사이다라는 이름의 청량음료가 되어 버렸다. 해당 지역에서는 왜 사과로 술을 만들었을까? 날씨가 춥고 강수량도 많아 기후가 포도 농사에 적합하지 않았기 때문이다. 포도는 장마와 추위에 약하다. 반대로 사과는 11월에 수확해도 될 만큼 추위와 비에 강한 작물이다. 포도에 비하면 잘 얼지도 않고, 수분 흡수율도 낮다. 다만 포도만큼 당도는 높지 않아 와인처럼 알코올 도수 높은 발효주는 나오지 않는다. 사과로 만든 술은 알코올 도수 6도 전후로, 와인처럼 고급화된 품목은 아니다.

그래서 사과 술인 시드르는 와인보다는 맥주처럼 음용하는 술이다. 맥주처럼 탄산이 있고, 청량감을 추구하기 때문이다. 스페인에서는 자기 키 정도 되는 높이에서 시드르를 따르면서 거품을 일으키는 문화가 있다(현지에서는 시드라라고 불린다). 그리고 시드르를 만드는 곳은 와이너리라고 하지 않고 사이더리라고 부른다. 이러한 시드르를 증류한 대표적인 술이 있는 곳이 바로 노르망디 지역의 칼바도스다. 칼바도스는 시드르를 증류한 술의 이름이기도 하다. 지역명이 아예 술 이름이 된 것이다. 칼바도스는 오직 칼바도스라는 곳에서 만들어진 사과 중류주에만 이름을 붙일 수 있다. 이 노르망디 지역에서는 카페에서도 이 칼바도스를 판매한다. 오크통 숙성을 2년 이상 해야 하는 술이며, 말하자면 사과를 베이스로 만든 브랜디다.

칼바도스 중 재미있는 술이 하나 있다. 바로 병 속에 사과가 들어있는 제품이다. 제품명은 '라 폼 프리즈니에르La Pomme Prisonnière'. 프랑스어로 '갇힌 사과'라는 의미다. 병 입구는 좁은데 어떻게 큼지막한 사과를 넣었을까? 사과를 작게 자른 후에 다시 붙였을까? 아니면 병을 반으로 쪼갠 후에 사과를 넣은 것인가? 하지만 사과에는 다시 붙인 자국 하나 없었다. 도대체 그럼 어떻게 이 큰 사과를 병 속에 넣었단 말인가? 사과를 병 속에 넣은 방법은 간단했다. 바로 사과가 큼지막하기 전에, 즉, 아직 어린 상태의 사과를 병 속에 넣는 것이다. 그리고 줄기를 자르지 않고 병 속에서 머물게 한다. 병 속에서 사과를 성장시키는 것이다. 병이 무거워 성장을 방해하지 않게 살짝 높은 가지에 끈으로 매달아 놓는다. 그리고 9월 수확 시즌이 되면 정성스럽게 사과를 따준다. 그리고 사과가 들어간 병에 알코올 도수 45%의 칼바도스를 넣고, 사과를 해당 술에 적셔 준다. 약 한 달이 지난 후에 병 내에 있는 술을 버리고, 두 번째 칼바도스를 넣는다. 그리고 또 3~4주 후에 병 속에 남은 술을 버리고 마지막으로 알코올 도수 40도의 칼바도스를 넣는다. 그 이후에 병을 봉입하고 출하한다.

참고로 칼바도스 지역에 따라 그 기준이 다르다. 동시에 이 지역에는 사과뿐만이 아닌 서양 배를 함께 발효 및 증류하여 만드는 경우가 많다. 그래서 이 배 와인을 사과 와인과 함께 섞어 증류하는 경우가 많다. 지역에 따라서는 사과 와인과 배 와인을 베이스로 중류하는 술이기도 하다. 500ml의 칼바도스를 하나 만들기 위해서는 사과 4~5kg, 지금 사이즈로는 사과 한 박스가 필요하다. 사과 한 박스의 풍미가 한 병에 그대로 담긴 셈이다.

46

한국이
위스키를
안 만들었던 이유

수년 전까지만 해도 한국에서는 위스키를 반만 만들었다. 해외에서 위스키의 원액을 가져다가 한국에서 맛과 도수를 맞추는 블렌딩 작업만 했기 때문이다. 그래서 국산 위스키라고 불릴 수는 있으나 한국의 위스키라고는 부를 수 없었다. 우리나라는 왜 위스키를 만들지 않았을까? 사실은 만들었다. 1982년 두산그룹(당시 OB씨그램)이 위스키 원액을 만들기 시작했고, 진로는 다음 해 3월에 이천에 위스키 공장을, 그리고 지금은 롯데주류 백화수복의 전신인 백화양조는 군산의 소주 공장을 개조, 역시 위스키 원액 제조에 참여했다. 그리고 1987년부터 국산 위스키 원액과 스카치 위스키 원액을 같이 넣은 국산 위스키가 등장을 하게 된다. OB씨그램의 디플로매트와 진로의 다크호스라는 제품이 대표적이었다. 하지만 당시 수입

원액 100%로 만든 스카치 위스키인 패스포트, 썸싱 스페셜 등과 비교해 가격적으로 메리트가 없었다. 해외여행도 가기 힘든 시절, 유럽 문화를 동경하던 사람이 많던 그 시절에 국산 위스키는 경쟁에서 뒤처진다. 당시 국산 보리 가격도 술로 만들기에는 가격이 만만치 않았다.

무엇보다 오크통 숙성 시의 위스키 증발량이 스코틀랜드에 비해 훨씬 많았다. 국산 위스키 제조의 선구자인 오미나라의 이종기 박사에 따르면 스코틀랜드는 1년에 증발하는 위스키의 양이 총 1~2% 정도였으나 한국은 5~10%나 증발이 되었다고 한다. 이렇게 되면 한국에서 숙성을 하면 10년 후에는 총 알코올 생산량의 20~30%가 증발이 된다. 이렇게 증발량이 달랐던 이유는 한국과 다른 스코틀랜드의 기후가 영향을 미쳤다. 한국은 사계절이 또렷하고 스코틀랜드에 비하면 뜨거운 날씨도 너무 많았다.

최근 위스키는 아니지만 포도 및 오미자, 사과를 증류한 국산 브랜디 시장이 커지고 있다. 이렇게 시장이 바뀌는 이유는 술에 지역이라는 로컬적 문화가 들어간 것이며, 숙성으로 알코올은 증발되지만 맛과 향은 그대로 간직하는 경우가 많아서다. 최근에는 한국에서 발효 및 증류, 숙성까지 한 한국 위스키가 등장하고 있다. 대표적으로 김포의 김창수 위스키, 남양주의 기원 위스키 등이다. 모두 지역적 가치를 알리고자 노력하고 있으며, 대량 생산보다는 수제에 가까운 방식으로 만들고 있다. 또 오크통 숙성 소주도 주목을 받고 있다. 화요 XP, 마한오크 등이 대표적이다. 곡물 소주를 나무통에서 3년만 숙성시키면 EU 시장에서는 위스키로 판매가 가능하기 때문이다.

불과 얼마 전까지만 하더라도 한국뿐만이 아닌 대만, 인도, 일본까지도 스카치 위스키에 견줄만한 좋은 제품이 나올 수 없다고 했다. 기후 때문이다. 날이 춥고 습도가 높아야 위스키 숙성에 적당하다. 오랫동안 숙성하기 위해서는 위스키 원액의 증발량이 낮아야 하기 때문이다. 대만을 비롯한 아열대 기후에서는 총 생산량의 15~20%까지도 증발해 버린다. 앞서 말했듯이 이만큼 증발하면 힘들게 만든 알코올 자체가 사라지게 되어 제품이 나오기 힘들다. 스코틀랜드처럼 20년, 30년 숙성이라는 고부가가치 제품은 만들기가 더욱 어렵다. 그 세월을 겪는 동안 모두 사라지기 때문이다. 이러한 불리한 상황을 오히려 강점으로 만든 위스키 회사가 있다. 바로 카발란이다.

타이베이에서 남쪽으로 60km 떨어진 곳에 기란宜蘭 지역에 위치한 카발란 위스키 증류소는 3,000미터가 넘는 산맥이 이어지고 있는 곳이다. 이곳은 아열대 특유의 높은 강수량에 연평균 기온은 27도 정도다. 이곳의 역사는 겨우 15년 전후로 짧은 편이지만, 더운 기후를 활용해 카발란이라는 독특한 위스키를 생산한다. 카발란 위스키 증류소에서 만든 위스키는 오크통에서 숙성하는 과정에서 연평균 16%의 위스키가 증발된다. 스코틀랜드의 위스키 증발량보다 8배나 많은 수치다. 스코틀랜드에서 30년 걸려서 진행되는 숙성이 이 지역에서는 5~6년이면 완성된다고 이야기한다. 숙성이 빨리 되는 만큼 숙성 년도에 너무 구애받지 말라는 의미이며, 그래서 이곳의 위스키는 숙성 년도를 잘 기입하지 않는다.

물론 추운 환경에서 30년을 걸려 만든 제품과 단기간에 숙성한 제품의 맛이 같다고는 할 수 없다. 하지만 그 단기간에 숙성되는 맛이 기존의 위스키 전문가들에게 신선함으로 다가간 것이고, 빨리 증발한다는 생각의 전환을 통해 오히려 가치를 만들어 낸 것이다. 카발란은 2010년 스코틀랜드 에든버러에서 진행된 위스키 블라인드 테이스팅 이벤트에서 스코틀랜드와 잉글랜드 위스키를 압도적인 점수차로 이기고 1위를 차지했으며, 2017년도에 월드 와이드 위스키 트로피, SWSC에서는 베스트 아더 싱글 몰트 위스키 등 세계 굴지의 대회에서 수상하게 된다. 영국의 위스키 평론가 찰스 맥클린은 이 카발란 위스키를 두고 열대 과실의 잼과 같은 독특한 아로마가 있다고 평론하였다.

대만의 경우 킹카그룹이라는 굴지의 기업이 도전하고, 인도의 경우는 지역 자본 또는 해외 자본에서 투자를 했지만, 한국은 소규모 양조장에서 다양한 증류주 제조에 박차를 가하고 있다. 디아지오 코리아 출신의 마스터 블랜더 이종기 박사가 이끄는 문경 오미나라는 지역에서 재배한 오미자와 사과로 증류주인 브랜디를 만들어 시장에서 선도적인 역할을 하고 있으며, 충남 예산의 예산 사과 와이너리도 직접 재배한 부사로 와인을 제조, 이후 증류를 통해 사과 브랜디를 만들고 있다. 거봉으로 유명한 천안에서는 두레앙이라는 거봉 브랜디를 제조 중이다. 우리 농산물을 이용한 고부가가치 술에 도전하고 있는 것이다.

47

분식 장려 역사에서 시작한 막걸리와 파전

한국인에게 가장 추억 어린 술이라고 하면 어떤 술일까? 어떤 이는 호프집에서의 생맥주일 것이고, 어떤 이는 고된 노동이 끝나고 대폿집에서 한잔 들이켠 소주일 수 있다. 이에 더해 토속적이며 고향으로 이어진 술이 있다. 90년대만 하더라도 늘 동네 양조장에서 만들던 술, 막걸리다. 2000년까지 막걸리는 지역 판매 제한으로 그 동네서 만든 막걸리는 그 동네에서만 팔아야 했다. 그래서 면단위마다 양조장이 있었고, 동네 막걸리만 주로 소비했다. 이것이 막걸리가 소주와 맥주와는 다른 우리 동네의 술, 그리고 고향의 술이라는 이미지가 가장 강해진 이유다.

막걸리는 비 오는 날 가장 많이 팔린다. 여름의 장마 때 대형 마트에서는 아예 부침 가루와 막걸리를 세트로 팔 정도다. 농번기에 비가 내리면 일손을 멈춰야 했고, 그래서 집에서 막걸리 한 잔을 했다고 한다. 막걸리는 휴식과 같은 술이었던 셈이다. 언제부터 '비가 오면 막걸리'라는 말이 나왔을까? 이에 관한 공식 기록은 1970년 9월 5일 동아일보 기사다. 기사 제목은 '땀 흘리는 한국인, 적도림 개발과 망향望鄕'으로 적도 부근의 정글을 개척하던 한국인 노동자들 이야기다. 모진 육체노동에 늘 힘들어했지만, 비 오는 날 만큼은 일을 쉴 수 있었다. 그래서 비 오는 날이면 일에 쫓겨 덮어두었던 고향생각이 모락모락 피어 올랐다는 것이다. 이럴 때면 한국인끼리 둘러앉아 막걸리 이야기 등 고향에 대한 회포를 나눴다고 한다. 결국 막걸리는 고향의 술이었으며, 추억 속에 숨겨진 기억이 막걸리를 불렀던 것이다. 이것은 단순한 해외 파견 노동자뿐만이 아닌 서울로 상경해서 일을 하던 수많은 노동자에게도 적용되는 상황이었다. 건축붐이 불던 70, 80년대에 수많은 건축 노동자들은 비가 오면 일손을 놔야 했다. 그런 날에는 고향 생각이 나면서 자연스럽게 막걸리로 손이 갔다. 결국 '비 오는 날에는 막걸리'라는 공식은 60년대 이후에 생겼으며, 70년대 건축붐으로 이러한 분위기가 확장된 것으로 생각된다.

파전과 막걸리는 언제부터?

엄밀히 따지면 파전이라는 용어는 70년대 이후 생긴 용어다. 원래 파전보다는 빈대떡이 좀 더 오랜 역사를 가지고 있다. 빈대떡은 녹두를 갈아 돼지기름에 지진 음식으로 기름과 고기가 부족했던 시절 상당한 고급 요리였다. 1930년대부터 빈대떡집이 서울을 중심으로 많이 생겼고, 이곳에서 팥죽, 국수, 그리고 소주와 막걸리를 함께 팔았다고 한다. 다만 그 이전에는 빈대떡이 너무 귀한 요리라서 막걸리와 궁합은 생각하기 어려웠던 부분이 있다. 그렇기에 막걸리와 빈대떡이라는 공식은 1930년대 이후로 보는 것이 맞다.

빈대떡에 들어가는 녹두는 숙취 해소에 도움을 준다. 그래서 궁중에서는 녹두를 넣어 누룩을 만들기도 했다. 결국 녹두빈대떡은 다음 날 숙취까지 생각해서 먹는 음식인 것이다. 파전이라는 메뉴가 본격적으로 등장한 것은 70년대 이후로 보인다. 파전 등에 사용되는 식용유가 60년대만 하더라도 고급 선물 세트에 들어갈 정도로 고가 제품이었기 때문이다. 50년대만 하더라도 밀가루 선물 세트도 있을 정도였다. 파전이라는 단어 자체만 본다면 80년대 초에 부산 동래 파전이 알려지고, 전국의 민속주점에서 사용하면서 전국적으로 쓰이기 시작한 것으로 보인다.

막걸리가 파전, 녹두전과 잘 어울린다는 것은 누구나 다 잘 아는 이야기다. 특히 비 내리는 소리와 파전 굽는 소리가 비슷해서 더욱 막걸리가 그리워진다는 이야기는 애주가라면 알고 있는 기본적인 상식이다. 흥미로운 것은 막걸리는 파전의 소화를 돕는다는 사실이다. 막걸리 속의 누룩은 전분을 분해하는 역할을 하는데, 분해하는 주요 전분 중 하나가 바로 밀가루이기 때문이다. 밥에 비해 소화가 잘 안 되는 밀가루 음식에는 막걸리는 천연 소화제 역할을 했고, 이러한 궁합이 지금까지도 이어지는 것이다.

막걸리도 위스키처럼 오크통에 담았다고?

막걸리에 대한 추억이 있는 사람들은 대부분 플라스틱 말통에 담아 사발로 마셨다는 기억이 있다. 하지만 의외로 이 플라스틱 말통은 1970년대에 들어서 본격적으로 등장을 하게 된다. 1969년, 정부는 위생을 위해 플라스틱 통으로 막걸리 용기를 바꾸라는 법령을 내린다. 당시 이 말통은 국세청의 검열을 거쳐 만들어졌고, 금성사라는 곳에서 입찰을 받아 만들었다. 그렇다면 그 전에는 무엇이었을까? 바로 목통이라고 불리는 나무통이었다. 충남 당진의 90년 역사를 가진 신평 양조장 2대 김용세 명인에 따르면 이 목통의 재질이 참나무기도 했다. 참나무는 서양에서 와인과 위스키를 숙성시키는 나무 중 하나다. 막걸리, 와인, 위스키 모두 나무통에 넣어 운반한 것은 같은 것이다.

지금 우리가 마시는 막걸리 페트병의 등장은 1970년대 후반이다. 그 전까지만 하더라도 양조장에서는 도매라는 형태로 10~20L의 대용량으로 팔았는데, 이제 소비자가 편하게 마실 수 있게 각각 개별 포장된 막걸리가 나온 것이다. 뚜껑은 부직포로 제작해 생막걸리 특유의 탄산이 빠져나올 수 있게 했고, 지금보다 훨씬 유연한 재질의 플라스틱으로 만들었다. 문제는 발효가 진행되면서 병의 형태가 변형되어 세워 놓고 마시기가 어려웠던 것이다. 이것으로 등장한 것이 막걸리 홀더다. 80년대 나온 이 막걸리 홀더는 잡는 분위기가 생맥주와 유사한 느낌을 풍긴다.

알고 보면 유리병으로 된 막걸리도 있었다. 80년대 초반, 유리로 공용병을 만들어서 전국 막걸리 양조장에 배포한 적이 있었

3장 술, 마시다: 산업과 문화

다. 햇빛을 차단하기 위해 맥주병처럼 갈색으로 제작했다. 하지만 1~2년만 사용되고 이후에 자취를 감추었다. 사용한 막걸리병 수거가 어려웠고, 재활용도 힘들었기 때문이다. 최근 10년 전까지만 해도 이 플라스틱 말통으로 막걸리를 받아다가 판매하는 민속주점이 꽤 많았다. 하지만 플라스틱 말통이 재활용되어 위생적으로 문제가 생기자, 정부는 2L 이하의 용기에 넣어서 판매할 것을 명한다. 하지만 2014년에 다시 2L 이상 10L 이하의 용기에 판매할 수 있게 제한을 푸는데, 그로 인해 최근에는 생맥주처럼 막걸리 서버까지 등장한다. 90년도에 들어서서 부직포를 사용하던 막걸리 페트병이 플라스틱 캡으로 바뀌고, 변형이 자주 일어나는 페트병을 대신해 내압병이 등장하는 등 막걸리병은 지속적인 진화를 거듭하고 있다. 얼마 전까지만 하더라도 플라스틱 페트병은 디자인에 한계가 있었다고 하지만 최근에는 이 병의 디자인이 더욱 발전해 오히려 한국에만 있는 막걸리 디자인을 만들어내기도 했다.

막걸리는 한국의 성장과 함께 걸어왔다. 70년대 경제가 고도로 성장하며 총 주류 판매량의 75%에 육박하는 수치를 올리기도 했다. 막걸리는 여타 술과는 달리 고향과 가족으로 이어지는 술이기도 하다. 아쉬운 것은 이러한 막걸리의 가치가 잊혀져가고 있다는 것이다. 많은 부분들이 도심에 집중되고, 지역의 가치는 점점 잊혀가고 있다. 잊혀져가는 것들 중에는 지역을 대표했던 술, 막걸리가 있다. 혹시 지방에 내려갈 일이 있다면 그곳의 막걸리를 맛보면 어떨까? 횡성 가서 한우를 먹듯, 남도에 가서 한정식을 즐기듯이 그 지역의 술을 즐긴다면 자연스럽게 지역과 나와의 소통으로 이어질 것이다.

48

한국 소주의
역사

이수광의 《지봉유설》에 따르면 소주는 고려 말, 몽골을 통해 들어왔다고 한다. 소주는 조선 시대에는 사신에게 주는 최고급 고급 술이었다. 하지만 일제 강점기를 거쳐 대중화되기 시작했고, 지금은 전 세계에서 증류주를 가장 많이 마시는 나라가 대한민국이다. 마치 소주를 와인처럼 식중주로 마시니 말이다.

지금의 소주와 같은 형태는 1900년도 전후에 생긴 것으로, 일본과 합작한 소주 회사들이 설립되며 등장했다. 1899년 심견(후카미) 주조장은 성학 소주를 만든 것으로 유명하다. 1906년도에 생긴 인천의 조일 양조는 인천의 송월동에서 시작해 금강표 소주를 만들어 만주에도 수출한다. 진로 소주와 무학 소주도 1920년대에 등장한다. 근대 양조장의 시작은 아쉽게도 일제 강점기 때라고 할 수 있고, 소주는 기간 산업이었던 만큼 일제의 자본이, 그리고 막걸리 양조장은 가내수공업 형태가 많았던 만큼 조선인의 자본이 들어간 경우가 많았다.

한반도를 남과 북으로 나눈다면, 주로 북쪽에서 소주를 많이 만들었고, 남쪽은 막걸리가 주류를 이뤘다. 이유는 간단했다. 북한 쪽은 쌀 재배량이 남쪽이 비해 많지 않았기 때문에 조와 수수로 막걸리를 만들었는데, 맛이 좋지 않았다. 그것에 비해 남한은 호남평야부터 곡창지대가 많았고, 좋은 술맛이 나는 쌀을 중심으로 한 막걸리가 발달하게 된 것이다. 당시 중공업은 북쪽이, 경공업은 남쪽이 발달했는데, 이것은 일제가 중국 침략을 위해 많은 공장을 북쪽에 세운 것에 근거한다. 소주 공장은 막걸리와 달리 자본집약적인 성격이 있는데, 그렇다 보니 북쪽에 발달을 하게 된 부분도 있다고 생각한다. 지금 남한에 소주가 발달한 이유는 어찌보면 한국 전쟁이 계기였다. 해방 이후 북에는 공산 정권이 들어오다 보니 모든 것이 사회 경제 체제로 진행된다. 국가가 양조장을 운영하는 시스템이 되자 많은 소주 양조인들이 월남을 하기 시작했다.

우리나라에서 가장 유명한 소주 회사인 진로도 원래 평안도 용강의 회사였으며, 중요 무형문화재인 문배주를 만들었던 평양의 평천 양조장 역시 이때 월남한 것이다. 현대 한국 소주의 기원은 남쪽이라기보다는 북쪽이라고 말할 수 있을 듯하다. 해방 이후에는 소주 이름 역시 지금과 다른 독특한 이름이 많았다. 삼미 소주, 백구 소주, 제비원 소주, 금성 소주, 금련 소주, 삼학 소주 등이 대표적이다. 그중 최고의 인기를 끌었던 소주가 바로 목포의 삼학 소주다. 한때 워낙 인기가 많아 가짜 소주까지 돌 정도였다.

현대의 소주 양조장은 막걸리 양조장에 비하면 그 숫자가 매우 적다. 막걸리 양조장이 1,000여 개 정도 된다면, 소주 양조장(희석식 소주 제조)은 10곳 정도이다. 이것은 1970년대 새마을 운동과 연관이 있다. 당시 슬로건 중 하나가 '빨리, 많이, 싸게'라는 것이었는데, 소주 양조장이 여러 곳 있으면 세금 징수에 번거로운 일이 생기게 된다. 그래서 시도별로 하나씩만 허용하고, 생산량의 50%를 그 지역에서 소비하게 했다. 그래서 1970년대 200여 개의 소주 양조장이 다 통폐합되어 버린다.

막걸리도 상황은 비슷했다. 막걸리 제조사 이름을 보면 합동 주조장이라고 되어있는 곳들이 있는데, 이러한 곳들이 당시 합병을 당한 곳들이다. 대표적인 곳이 장수 막걸리를 만드는 서울탁주제조협회 등이다. 당시 51개의 막걸리 양조장을 합친 곳이며. 생탁을 만드는 부산합동양조도 비슷한 개념이다. 다만 소주는 시도 단위에 1곳, 막걸리는 면 단위마다 1곳으로 정해져 막걸리가 훨씬 많이 남을 수 있었다. 이렇게 양조장들이 통폐합되어 효율은 좋아졌을지 모르나, 한국 술의 다양성이 사라졌다는 아쉬움이 남는다.

소주의 도수가 낮아진 이유

지금의 일반적인 소주는 주정에 물을 탄 희석식 소주이지만 처음부터 다 이러한 소주는 아니었다. 본격적으로 희석식 소주가 생산된 것은 1965년도부터였다. 쌀, 보리 등 양곡으로 술을 빚지 말라는 양곡관리법이 발포되면서 이때 많은 증류식 소주 양조장이 희석식으로 모두 바뀌게 된다. 전통 소주가 아예 명맥을 잃게 된 것이다. 진로도 이때 본격적으로 희석식 소주 제작에 들어가게 된다. 그 이 전에 있었던 쌀 소주, 보리 소주, 찹쌀 소주 등은 전부 사라지게 되었다.

이렇다 보니 1988년 서울 올림픽 시기에 뭔가 좋은 소주를 내놓아야 하는데, 그럴만한 제품이 없었다. 일반 소주는 너무나도 조악한 디자인에 고급스러움은 전혀 없어서 외국인에게 보여 주기 민망했다. 그래서 나온 것이 관광업소용 소주다. 줄여서 관광 소주라고 불렸는데, 가격이 일반 소주에 비해 3배 정도 비쌌지만 내용물은 똑같았다. 오직 병만 고급스러운 사각 디자인이었을 뿐이었다.

소주의 도수 역시 예전과 지금은 많이 다르다. 1920년대 나온 소주는 알코올 도수가 35도였다. 1970년대 25도 정도로 낮아졌고 최근에는 대부분 20도 이하다. 소주의 도수가 낮아진 이유는 소주 도수가 높아서 화재가 났기 때문이었다. 지금과는 달리 열차에서 흡연이 가능했을 때, 깨진 소주병에 담뱃재가 떨어져 화재가 났던 것이다. 도수가 높아 마시고 사망하는 일도 정말 많았다. 그리고 음식과의 궁합 문제도 있었다. 우리나라처럼 음식과 증류주를 먹는 나라는 드물다. 도수가 너무 높으면 음식과 함께 먹기 불편하기에, 음식과 잘 맞으려면 발효주의 도수가 돼야 했다.

49

서울 올림픽을 계기로 성장한
가짜 양주
캡틴큐와 나폴레온

80~90년대를 대표하는 두 종류의 양주가 있다. 바로 캡틴큐와 나폴레온이다. 2015년과 2018년 전후로 사라져 버린 추억의 술이기도 하다. 두 술의 공통점은 대중 양주라고 불렸다는 점이다. 양주라고 부르지만 실은 소량의 원액에 소주에 넣는 주정, 인공향과 색소를 넣어 만든 술이기도 했다. 무늬만 양주인지라 숙취가 정말 심한 술이기도 했다. 하지만 한 병 들고 있으면 꽤나 멋을 부릴 수 있었고, 80년대 위스키가 대중적이지 않았던 시절에는 폭발적인 인기를 끌기도 했다. 그렇게 인기를 끌면서 이 술들에 대한 숙취의 전설이 시작되었다.

특히 캡틴큐는 수많은 일화를 낳았다. 관련된 유명한 말은 '마시고 난 다음 날 숙취가 없다'는 것이다. 다다음 날에 일어나기 때문이다. 덕분에 애주가들 사이에서는 미래로 갈 수 있는 술이라고도 불렸다. 크리스마스 이브에 마시면 26일에 일어나게 되어 솔로일 때 외로움을 달래 줬던 술이라고 많은 사람들이 회상을 한다. 당시의 TV 광고도 패러디가 많이 되었다. 이 제품을 만들었던 곳은 당시 롯데주류였다. 광고 멘트 중 하나가 "롯데가 드리는 또 다른 양주의 세계"였는데, 이것이 "롯데가 드리는 또 다른 가짜 양주의 세계"로, "양주의 선택범위가 넓어졌습니다."라는 멘트는 "기억의 삭제 범위가 넓어졌습니다."로 패러디된다. 사실 이러한 상황만 봐도 당시 얼마나 인기가 많았는지 알 수 있다. 80, 90년대 최고를 지칭하는 용어가 '따봉'과 '캡'이었을 정도니 말이다.

나폴레온과 캡틴큐의 차이는?

두 술의 차이점은 뭘까? 사실 제품명만으로 어느 정도 알 수 있다. 나폴레온은 말 그대로 프랑스의 술을 추구했다. 대표적인 프랑스 증류주인 코냑을 따라가고자 했다. 제품명이 나폴레옹이 아닌 나폴레온인 이유는 두 가지 설이 있다. 하나는 바로 나폴레옹이 코냑의 등급을 나타내는 용어이기 때문이라는 것이다. 6년 이상 숙성한 등급이 나폴레옹인데, 이름을 이대로 표기하면 코냑의 등급이 6년 이상인 최상급이라는 의미가 된다. 그래서 쓰지 못했다는 말이 있다(표기법은 제조사마다 조금씩 다르다). 다른 이유는 원래 '나폴레옹'은 '나폴레온'이라고 표기했기 때문이라고도 한다. 프랑스 황제였던 나폴레옹의 한글 표기는 나폴레온이었던 것이다. 나폴레온이었던 이

유는 일본식 발음이 나폴레온 ナポレオン이었기 때문이다. 그래서 일제 강점기부터 90년대 초반까지 나폴레온으로 쓰였던 것으로 보인다. 나폴레온의 알코올 도수는 35도였고, 의외로 단맛이 강해서 당시 여성들에게 인기가 많았다고 한다. 당시 화이트 칼라라고 불리는 직장인들의 고급 회식 시장을 노린 제품으로 나오게 된다.

1980년 1월에 출시한 캪틴큐는 말 그대로 '바다의 선장'이다. 대항해 시대에 영국 해군의 술이기도 했던 술, 카리브해 해적들이 늘 들고 다니던 술 럼주를 추구했다. 물론 정통 럼주는 절대 아니었다. 어디까지나 색소와 향료가 그 역할을 했을 뿐이다. 알코올 도수는 35도였다. 나폴레온과 달리 남성성을 강조한 느낌의 술. 그래서 주로 자연 속 모습을 그리며 캠핑 및 MT에 자주 등장하는 술이 된다. 당연하게도 80년대 MT 때 몰래 가져가면 최고의 아이템이었다. 이미지가 고급이다 보니 호송 도중 탈출한 탈주범들이 가정집에 들어가 캪틴큐를 마신 사건도 있었다.

두 가지 술은 라이벌로, 신경전을 벌였다. 나폴레온은 약 17.9%(초기에는 20%)의 코냑 원액이 들어갔다. 하지만 캪틴큐는 90년대부터 럼 원액이 아예 빠져 버린다. 즉 소주 주정에 색소와 향료, 그리고 감미료로 맛을 낸 것이었다. 둘 다 유사 양주였지만, 그래도 나폴레온은 코냑의 정체성은 가져갔다. 나폴레온 입장에서는 같은 급으로 취급당하는 게 억울할 만도 하다. 캪틴큐는 2015년 사라졌고, 나폴레온도 2018년도 이후로는 거의 생산을 하지 않는다. 막상 구하기 어렵다고 하니 다시 마셔보고 싶은 이유는 무엇일까? 떠난 후에야 그리워하는 건 사람이나 술이나 다 매한가지다.

50

유사 양주가 판을 치던 80년대

2010년대 한국에는 새로운 복고, 뉴트로Newtro가 메가 히트를 쳤다. 예스러운 디자인부터, 쌀집, 목욕탕 등 어릴 적 추억이 물씬 나오는 문화가 트렌드를 이끌었다. 그러면 몇 년대 문화가 2019년 뉴트로 문화를 이끌었을까? 개인적으로는 80년대의 모습이 가장 많다는 느낌이다. 80년대는 칼라 TV의 보급과 서양식 문화가 들어오면서 식문화가 복합성을 가지기 시작했다. 그러면서 등장한 커피, 맥주, 육류 등 고급 식품 라인이 보다 대중적으로 들어왔던 시기이기도 했다. 삼겹살도 80년대에 들어서면서 본격적으로 등장했다고 말할 정도니 말이다.

1980년대에 대표적으로 등장한 것은 호프집이었다. 70년대에 통기타와 생맥주를 마시는 문화는 있었지만, 그런 장소가 호프집이라고 불리진 않았다. 그냥 생맥주집이었다. 이렇게 호프집이라는 단어를 쓰게 된 이유는, 1986년에 서울 대학로에 기록상 첫 호프집이 생겼기 때문이다. 바로 OB호프다. 당시 OB맥주 관계자가 독일을 방문한 후, 광장에서 맥주를 마시는 모습에 깊은 인상을 받아 만들었다. 두산 타워 지하에도 있던 OB호프는 2000년대까지 최고의 핫플로 인기를 끌었다. 인기 있는 안주 역시 독일 것을 따온 소시지 볶음이었다. 어릴 적에는 호프집의 호프가 희망을 상징하는 호프Hope라고 생각했다. 좀 크고 나서는 맥주에 들어가는 홉Hop이라고 생각했다. 하지만 알고 보니 호프Hof로 독일어로 정원, 광장, 뜰이라는 뜻이었다. 즉 넓은 야외에서 즐기는 맥주라는 의미였다. 이러한 문화가 남아있는 것이 을지로 맥주 거리 등이다.

폭탄주의 등장도 1980년대다. 이때 국산 위스키들이 대거 등장했기 때문이다. 진로 VIP, 백화양조의 베리나인골드 킹, 썸씽 스페셜, 패스포트 등이 대표적이다. 그러면서 검찰에서 양맥이라는 위스키와 맥주를 섞어 마셨던 것이 유행을 하기 시작했다. 2000년대 이후, 이렇게 폭탄주 문화는 백세주와 소주라는 오십세주, 그리고 소주와 맥주라는 소맥으로 발전하게 된다.

80년대에는 칵테일도 본격적으로 등장한다. 주로 여대생들에게 인기가 있었다. 싱가포르 슬링, 피나 콜라다 등의 칵테일이 이때에 본격적으로 나왔다. 당시 칵테일은 경양식 레스토랑에서 많이 팔았고, 그 식당들은 맥주와 칵테일을 함께 판매한다는 Coctail&Beer라는 간판을 내걸었다. 당시 인기있던 메뉴는 단연 돈가스였다. 스프와 더불어 코스 요리로 나오던 때다. 나비넥타이를 한 웨이터가 "빵으로 하시겠습니까, 밥으로 하시겠습니까?"라고 질문하면 우아한

척하며 빵으로 먹겠다고 했던 기억이 난다.

당시 경양식 레스토랑의 이름은 장밋빛 인생, 로마의 휴일, 겨울 나그네 등 감성적인 이름이 많았다. 이러한 곳은 1990년대 ~2000년대에 패밀리 레스토랑이 생기면서 사라지게 된다. 개인적으로 기억에 남아있는 음식은 함박 스테이크다. 함박이라는 것은 독일어 함부르크Hambrug에서 온 말로, 독일 북부의 다진 고기 음식 중 하나였다. 또 하나 인기 있던 것은 비후가스였다. 소고기로 만든 돈가스란 의미다. 가격이 돈가스보다 500원에서 1,000원 정도 비쌌던 것으로 기억한다.

1970년대부터 슬슬 등장하던 국산 와인도 80년대 본격적으로 보급된다. 대표적인 것이 OB에서 만들던 마주앙이다. 마주 앉아 마신다는 이 와인은 1970년대 박정희 대통령이 독일을 순방 후, 한국에도 포도(리슬링 등 와인용 포도)를 심어 와인을 만들자는 데에서 출발했다. 비옥한 땅에는 벼를 심고, 척박한 땅에 포도를 심어 술을 만들겠다는 의지였다. 당시 크리스마스 때 이 와인을 마시는 가정도 있었는데, 나름 부의 상징이기도 했다. 하지만 마주앙 와인은 90년대 수입자유화의 물결로 서서히 사라졌으며, 와인용 포도는 지금 일부 농가를 제외하고는 만들지 않는다. 현재 판매되는 마주앙은 해외에서 벌크로 수입한 와인으로, 당시 만들어진 와인은 지금은 없다고 할 수 있다.

90년대는 80년대와 사뭇 달랐다. 한국에서 최초로 배고픔을 모르던, 경제적 풍요로움 속에서 자라났다는 세대였다. 가정용 컴퓨터가 보급되며 아날로그에서 디지털 시대로 옮겨가던 시대이기도 하다. 경제적으로는 호황기에 있었으나 취업준비생 시절에 IMF 외환위기가 찾아와 큰 피해를 입었던 X세대가 트렌드를 이끌었다. 민주화 시대에 학창 시절을 보낸 만큼 정치 문제보다는 취미나 자기 계발, 그리고 토익점수에 더 신경을 썼던 세대로 해외 어학연수의 물꼬를 트기도 했으며 XT, AT, 386, 486 등의 컴퓨터가 보급되면서 PC통신을 본격적으로 즐긴 세대기도 하다.

90년대 초 홍대를 중심으로 가장 핫했던 주점은 일본식 선술집 '로바다야키炉端焼き'였다. 로바다炉端는 일본식 화로, 야키焼き는 구웠다는 뜻으로 일본식 화로가 있는 선술집을 뜻했지만, 실은 화로가 있는 집은 거의 없었다. 일본 가정 요리인 삼치구이, 시샤모, 팽이버섯구이에 어묵탕 정도였다. 일본의 사케가 처음 들어오던 시기도 이때부터였지만 이때는 대부분 한국 술을 마셨다. 하나를 주문하면 여러 음식을 가져다 주었다. 마치 횟집의 스키다시(곁들이찬)와 같은 느낌이었다. 들어가는 것 자체만으로도 충분히 고급스러움을 느끼는 곳으로, 잘 나가던 형과 누나들이 가던 장소였다.

90년대 초에 엄청나게 유행했던 커피숍이 있다. 거대한 소파에 각 테이블마다 전화기가 놓여있던 방배동 카페거리에서 시작한 전화 카페다. 주로 삐삐를 사용하던 X세대에게는 굳이 공중전화로 가지 않더라도 연락을 할 수 있는 최고의 장소였다. 이러한 카페 분위기를 그대로 옮긴 곳이 바로 소주방이었다. 전화기는 잘 없었지만, 기존의 소주 주점과는 다른 팬시한 형태를 가진 최초의 트렌디 주점이라고 할 수 있다. 이곳에서 인기 있던 술은 바로 칵테일 소주였다. 레몬 소주, 수박 소주, 체리 소주, 오이 소주 등이 인기였다. 당시 소주는 귀여운 스테인리스 주전자에 딸려오는 경우가 많았다. 주로 강남역, 신천, 종로, 신촌 등에서 흥했다. 소주가 부담스럽던 여대생들이 청하의 맛으로 이끌린 시대이기도 했다.

칵테일쇼 플레어 바의 등장

90년대 초부터 2000년대 초반까지 유행했던 바는 칵테일바다. 영어로 기교, 기술을 나타내는 플레어Flair라는 단어를 붙인 플레어바Flair bar에서는 칵테일 쇼를 즐길 수 있었고, 강남, 홍대를 중심으로 흥했다. 바 형태로 인테리어를 한 X세대의 최고의 핫플레이스인 'TGI프라이데이' 등 패밀리 레스토랑에서 바텐더들이 칵테일 쇼를 보여 주기도 했다. 이렇게 플레어 바가 흥한 이유는 톰 크루즈 주연의 영화 〈칵테일〉이 히트했기 때문이다. 그 영화 때문에 대한민국에는 젊은 세대를 중심으로 칵테일 붐이 불었다.

51

소주가 아닌 소주
'도소주'

재러드 다이아몬드의 《총, 균, 쇠》에는 같은 인간이라도 문명 발달의 수준은 총과 균, 철기, 그리고 지리적 요건에 의해 결정이 났다는 내용이 있다. 특히 유럽인이 다른 민족을 정복할 수 있었던 것은 총과 철을 사용했고, 그것으로 인한 풍부한 식량 공급과 인구가 밀집하게 되었기 때문이라고 한다. 그들이 높은 문명을 이룬 것은 그들이 우월해서가 아닌 환경적 요인에 의해서라는 것이다. 특히 유라시아 대륙이 발전하게 된 것은 비슷한 위도로 인해 같은 계절을 가져, 서로의 문명과 문화의 충돌이 일어나고 발전도 잦았지만, 아프리카 및 남미의 경우는 남북으로 길게 뻗어 상대적으로 교류 및 발전이 적었다고 한다.

여기서 유럽인이 아메리카 대륙을 점령하게 된 것은 바로 세균에 대한 저항력이 중요한 작용을 했다고 언급한다. 당시 유럽의 도시는 인구가 밀집하고 가축과 함께 생활했다. 이러한 생활 양식이 천연두, 홍역 등의 질병을 발생시켜 한때 수천만 명을 죽음으로 이끌었지만, 결과적으로 면역력이 생긴 유럽인은 결국 미 대륙을 침략했고, 해당 균을 전염시키며 아메리카 대륙의 인구를 소멸시켰다고 한다. 당시에도 전염병이 국가를 무너트릴 정도로 위험하다는 것은 모두가 숙지했을 것이다. 중국 대륙을 호령한 원나라조차 전염병으로 나라를 멸망시켰다고 한다.

그래서 우리 문화에서는 새해의 시작과 함께 도소주屠蘇酒라는 술을 마셨다. 여기서의 도소주는 단순한 소주가 아니다. 바로 때려 잡을 도屠, 사악할 소蘇, '사악한 존재를 도륙낸다는 술'이다. 일반적인 소주의 소가 구울 소燒라면 여기서는 사악할 소蘇를 나타내며, 그 사악한 것은 바로 전염병이다. '전염병을 때려잡는다'는 의미다. 도소주는 우리가 기존에 먹는 소주와는 완전히 다른 술이다. 소주가 증류주라면 이 술은 발효주에 가깝다.

도소주를 만드는 방법은 간단하다. 맑은 술에 오두거피, 대황, 거목, 도라지, 호장근 등 10가지 약재를 배주머니에 넣고 끓이면 된다. 이 다양한 약재가 전염병을 물리쳐 준다는 내용이 《동의보감》에 기술되어 있다. 마시는 순서도 있었는데, 의외로 가장 어린아이부터 마셨다. 장유유서라는 유교문화가 깊은 우리나라에서 어린이부터 마시게 했다고 하니 색다르다. 나이가 어릴수록 전염병에 취약했기 때문에 그러지 않았을까 하는 생각이 든다. 나이 어린 사람은 한 살 더 먹는 것에 대한 축복을, 나이 든 사람은 한 살 더 먹는 것에 대한 조심스러움이 술 마시는 풍속에 나타나 있다.

도소주는 새해에 온 가족이 모여 '올 한 해 무병 건강하자'는 문화에서 비롯되었다. 집에서 도소주를 만든다면 맑은 술을 하나 사서 만드는 것이 좋다. 약주도 좋고 청주도 좋다. 약재는 일반적으로 마트 등에서 판매하지만, 어렵다면 삼계탕에 들어가는 약재만으로도 충분히 그 느낌을 낼 수 있다. 최근에는 삼계탕 약재 팩을 아예 팔기에 더 간편하다. 장시간 끓이면 알코올이 증발되기 때문에 가족이 다 함께 마실 수 있다.

52

신항로 개척을 통해 들어온 감자, 보드카의 원료로 재탄생하다

감자의 시작은 남미의 중앙 안데스 고원지대라고 알려져있다. 스페인에서 남미를 정복하면서 16세기경부터 유럽으로 감자가 유입된다. 하지만 성경에 없는 작물이었고, 싹이 나면 독성이 생긴다는 이유로 감자는 유럽인이 꺼려했던 작물 중 하나였다. 하지만 감자는 엄청난 가능성을 가진 먹거리였다. 땅 밑에서 자라는 만큼 혹한의 상황도 견딜 수 있고, 무엇보다 전쟁이 일어났을 때 살아남았다. 밀, 보리밭은 모두 적에 의해 태워지지만, 땅속의 감자만큼은 견딜 수 있었던 것이다. 특히 유럽 최대의 종교 전쟁인 30년 전쟁(1618~1648)은 감자의 유럽 보급에 획기적인 전환기를 가져온다. 30년 전쟁의 배경지는 지금의 독일 지역이었다. 당시 독일의 유명 곡창지대 및 포도 산지는 다 불타 버린다. 하지만 감자는 살아남는다. 그래서 땅이 황폐해졌을 때 재배하는 구황작물의 대표 주자로 감자가 대두된 것이다. 다만 이때까지 감자는 주로 돼지 사료로 많이 사용되었다. 그래서 감자를 많이 키운 독일에서는 햄과 소시지가 발달할 수 있었다.

돼지는 황폐화된 곳에서 잘 크는 가축이었다. 잡식성이고, 소의 생육 기간이 2년이라면 돼지는 6개월 내외면 성체로 성장한다. 또 소는 출산 시 1마리 정도 낳지만, 돼지는 10마리 전후로 낳는다. 전쟁으로 바람 잦을 날 없던 독일은 효율 좋은 돼지를 가축으로 선택했다. 다만 감자가 없던 시절에는 돼지가 아사로 인해 죽는 경우가 많았다. 독일에도 보릿고개가 있었기 때문이다. 그것을 저장성 좋은 감자가 해결해 주면서 돼지 시장은 급속도로 성장한다. 돼지고기에 소금을 넣어 소시지로 만들었고, 그것을 전투 식량으로 사용했다. 소시지가 발달한 것은 감자가 있어서였고, 이는 결과적으로 군량미까지 든든하게 하면서 부국강병의 틀을 마련하도록 도왔다.

감자를 가장 많이 확산시킨 것은 프로이센의 왕 프리드리히 2세였다. 계몽 군주로 유명한 그는 감자 재배를 농민에게 강요했고, 덕분에 기아로부터 사람들을 구할 수 있었다. 당시만 하더라도 아직 감자는 사료가 주된 사용처였다. 그래서 프리드리히 2세는 자신이 감자를 먹는 모습을 보여 주며 감자 섭취를 독려했다. 전쟁이 지속되면서 이제는 전투를 벌이면 감자밭부터 다 망가트리곤 했다. 1778년의 바이에른 계승 전쟁 때는 전투가 끝나면 감자밭부터 해치웠다. 그래서 이 전쟁은 '감자 전쟁'이라고도 불린다.

나폴레옹의 모스크바 진군에 의해 동유럽, 러시아까지 감자가 보급되었다. 이때 북유럽을 거쳐 동유럽에서 시작한 술이 바로 감자로 만든 보드카다. 보드카는 호밀, 보리, 밀 등으로 만드는 술이었지만, 이제는 비교적 저렴한 감자가 그 자리를 차지하게 된 것이다. 즉, 감자는 전쟁에 의해 보급되고, 작물로 자리잡고, 술로도 발전했다. 근대 이전에는 유럽에서 감자로 만든 술은 없었다는 의미다.

북유럽의 증류주는 아쿠아 비테 Aqua vitae 로 불린다. 최초의 기록은 15세기의 스톡홀름시 재정 보고서로 보이는데, 초기에는 프랑스에서 수입한 와인을 증류해서 만들었다. 즉 현대의 브랜디 및 코냑과 비슷하다고 볼 수 있다. 하지만 16세기 말에 농업의 발달로 곡물을 사용하게 되고, 감자 전쟁 전후인 18세기에는 감자를 주요 원료로써 사용하게 만들게 되었다. 아이슬란드에는 또 아쿠아 비테와 유사한 브랜빈 Brännvin 이라는 이라는 증류주가 있는데, 이것은 브랜디와 어원이 같은 불타는 술 Brandywine 에서 온 것이다. 프랑스어에서의 와인을 뜻하는 뱅 Vin 에서 알 수 있듯, 초기에는 와인으로 증류했으나 나중에는 감자 발효주를 증류해 만들었다.

아쿠아 비테의 어원은 켈트어인 '우스게 바하 Uisce beatha'로, 위스키의 어원과 의미상 같은 말이다. 아쿠아 비테가 보드카와 다른 점은 다양한 향신료가 들어갔다는 것이다. 켈러웨이, 펜넬, 아니스 등 허브로 풍미를 낸 후에 또 증류를 한다. 이후에 오크통 숙성을 하지 않고 제품화하는 경우가 많아서 무색투명의 향기 있는 소주와 같은 느낌이다. 노르웨이 등에서는 리니에Linie라고도 불리는데, 가끔씩 오크통 숙성을 통해 위스키와 같이 갈색이 나오는 제품도 있다.

감자는 한국에는 1824년경, 산삼을 찾기 위해 숨어 들어온 청나라 사람들의 식량으로 몰래 경작되었다는 기록이 있다. 1920년대 강원도 회양군에서는 독일인 매그린이 난곡이라는 감자 품종을 개발하였고, 자기 땅을 잃어버린 화전민이 많이 모인 강원도는 감자 재배를 본격적으로 하면서 본격적인 감자 주산지로 떠오르게 된다. 최근에는 이 강원도 감자를 활용해서 만드는 술이 청와대 선물로 선정되었다. 평창 동계올림픽의 성공 개최를 기원하는 의미의 이 술의 이름은 '평창 감자술'. 청주 정도의 알코올 함유량을 가진 발효주이다. 감자 술의 제조 과정은 의외로 간단하다. 찐 감자에 누룩을 넣어 발효시킨 다음, 멥쌀을 넣어 보름을 숙성시키면 된다. 감자와 쌀이 함께 들어간 술이라고 보면 된다.

강원도에서는 감자 이외에 다른 작물을 이용한 다양한 술이 나오고 있다. 곤드레로 만든 곤드레만드레 막걸리, 메밀로 만든 메밀소주, 방풍을 넣은 갯방풍 막걸리, 단호박을 넣은 '만강에 비친 달' 등이 대표적이다. 알고 보면 세상의 모든 작물은 술이 될 수 있다. 술 빚기에 효율이 좋았던 것들이 포도, 쌀, 보리 밀이었던 것뿐이다. 소외되었던 우리 농산물이 더욱 많은 소비자에게 소개되었으면 좋겠다. 그로 인해 우리 농산물로 빚는 좋은 술도 소개되었으면 좋겠다. 우리 농산물로 빚는 술은 농업의 가치를 알리는 좋은 매개체이기 때문이다.

53

러시아가
보드카의 종주국이 된 이유

보드카는 무색, 무취, 무미라는 특징이 있다. 보리, 호밀, 감자 등을 베이스로 깨끗한 맛을 강조하는 술이라서 주로 칵테일의 베이스가 되는 술이기도 하다. 흥미로운 것은 한국인 대부분이 보드카가 러시아의 술이라고 생각한다는 것이다. 물론 맞는 부분도 있지만, 러시아만의 술은 아니다. 오히려 미국이 가장 많이 소비하며, 한국에서 제일 잘 팔리는 보드카는 러시아산이 아닌 스웨덴산이다. 그렇다면 보드카는 어느 나라 술일까? 그리고 왜 무색, 무취, 무미를 추구했을까?

보드카의 제조 과정은 이렇다. 먼저 곡물 등을 가지고 발효주를 만들고, 연속식 증류기로 순도 높은 알코올을 뽑아 낸다. 그리고 활성탄 여과를 통해 향과 맛을 다 지워 버린다. 그리고 이렇게 나온 알코올에 물을 넣고 희석을 한다. 한마디로 알코올에 물만 탄 순수한 술이다(우리의 소주는 보드카와 달리 감미료를 넣는다). 다만 보드카의 모습은 이것 외에도 무궁무진하다.

보드카의 어원은 Water?

보드카의 원조는 러시아보다는 폴란드라고 본다. 1405년, 폴란드의 산도메슈Sandomierz란 지역의 법원 공문서에 최초로 보드카를 언급한 단어가 기록되어 있기 때문이다. 무엇보다 보드카는 음료보다는 주로 약용으로 사용되었다. 특히 중세 유럽의 흑사병이 유행할 때, 이 보드카가 많이 사용된다. 그래서 당시 보드카는 생명의 물이라고 불렀고, 여기서 폴란드어로 물을 뜻하는 보다Woda라는 단어가 변하여 지금의 보드카Vodka라는 단어가 탄생했다고 말한다. 러시아에서의 보드카 어원도 맥락을 같이 한다. 러시아어로 생명의 물은 '지즈데냐 보다Zhizenennia Voda'인데, 여기서 보다Voda만 따온 것이 보드카가 되었다. 폴란드나 러시아 모두 보드카의 어원은 물인 것이다. 이 보드카라는 단어는 언어학적으로도 워터Water와 밀접한 관계가 있다. 워터Water는 옛 인도유럽어족으로, '적시다', '흐르다'는 의미의 'Awed'에서 유래를 한다. 여기서 'Wedor'가 왔고, 폴란드어로 'Woda'가, 러시아어로 'Voda'가 온 것이다.

이런 역사에도 불구하고 러시아가 보드카의 대표적인 종주국이 된 이유는 세계 최초로 목탄을 이용해 보다 깨끗한 증류주를 여과하는 기술을 개발해 냈기 때문이다. 그리고 1886년, 한 보드카가 러시아 황실 전용의 술이 되면서 러시아 전역에 유명세를 떨치게 된다. 바로 전 세계에서 가장 많이 팔리는 보드카인 '스미노프Smirnoff'다. 다만 황실에 납품한다는 것이 마냥 좋은 일만은 아니었다. 1917년에 러시아혁명이 일어나자, 스미노프 관계자는 황실과 관계가 좋다는 이유로 한 명씩 처형을 당한다. 이에 당시 오너였던 우라지미르 스미노프가 프랑스로 망명하게 되었고, 파리에서 목탄을 사용한 깨끗한 보드카가 만들어지게 된다.

그리고 1933년, 미국에 망명하고 있던 루돌프 쿼넷이라는 러시아계 미국인에게 팔리면서 보드카는 날개를 펴게 된다. 미국 시장에서 칵테일 제조용으로 어마어마하게 팔린 것이다. 미국은 세계 최대의 보드카 시장을 가지게 되었고, 무색, 무취, 무미라는 보드카의 개념을 정립했다. 이후 보드카는 칵테일 제조에 가장 적합한 술이라는 콘셉트를 전 세계에 널리 알리며 인기를 끌었다. 참고로 스미노프 브랜드는 현재 영국이 가지고 있다. 1987년, 영국의 그랜드 메트로폴리탄이라는 회사가 스미노프를 인수하고, 1997년 흑맥주로 유명한 기네스사와 합병해 디아지오라는 거대 주류 회사가 탄생하게 된다. 한때 한국에서 판매되는 것은 경기도 이천 디아지오 코리아 공장에서 만들었지만, 지금은 다시 수입하고 있다.

보드카의 원조와 원료 논쟁

1977년 폴란드에서는 보드카의 기원, 그리고 보드카라는 명칭의 독점적 사용권을 주장하기 시작했다. 당시 법정 투쟁의 대상국은 소련이었다. 소련에서는 《보드카의 역사》라는 책을 써서 보드카의 기원을 15세기의 러시아라고 주장했다. 폴란드는 최초의 보드카에 관한 기록이 러시아보다 앞선다는 정확한 증명에 실패한다. 그리하여 1982년에 국제조정 재판소에서는 보드카의 기원을 러시아로 인정해 버린다. 그래서 러시아가 보드카의 원조에 관한 홍보의 권리를 가져가게 됐다.

보드카 원조의 논쟁도 있었지만, 원료에 대한 논쟁도 이어졌다. 폴란드, 스웨덴 등은 곡물 및 감자 원료 이외에는 보드카라고 인정하지 않겠다고 했고, 영국과 네덜란드 등은 사탕수수, 포도로 만든 것도 보드카라고 주장했다. 이에 관해 약 5년간의 논쟁이 이어졌는데, 2007년 12월 17일, 원재료를 명기하는 조건으로 보드카로 인정하는 것으로 합의가 되었다. 이로써 포도 보드카, 사과 보드카 등 주원료를 기입한 보드카들이 본격적으로 나오기 시작했다. 국가에 따라서는 이러한 여과도 기준에 넣지 않고 있다. 꼭 활성탄 등을 사용해서 여과하지 않아도 된다. 그냥 증류주를 뜻하는 것이 보드카다.

현재 러시아와 폴란드를 중심으로 보드카를 만드는 나라 그룹을 보드카 벨트라고 부른다. 발트해 주변의 스웨덴, 노르웨이, 핀란드와 같은 북유럽과 구소련에서 독립한 우크라이나 등도 여기에 포함된다. 최근에는 미국, 프랑스, 캐나다, 독일, 이탈리아, 그리고 몽골과 일본에서도 보드카를 만든다. 몽골의 경우 마유馬乳를 가지고 만들어서 마유 보드카라고 불리고 있다. 한편 1975년 미국의 보드카 소비량이 위스키 소비량을 웃돌면서 세계에서 가장 많이 팔리는 증류주로 자리매김한다. 다만 미국은 보드카를 주로 칵테일용으로 사용했고, 러시아는 스트레이트로 마셨다. 러시아에서는 보드카를 얼려 마시는 경우도 많다. 단순히 맛이 좋아지기 때문이라기보다, 확인할 수 있는 것이 있어서다. 알코올은 물에 비해 어는점이 -114도로 어마어마하게 낮다. 한마디로 알코올 도수가 높으면 높을수록 술이 잘 얼지 않는다는 뜻이다. 쉽게 어는 제품일수록 알코올 도수가 낮고 가격도 낮다. 즉 불량품을 구분할 수 있는 척도가 된다.

소송에서는 소련이 폴란드를 이기고 '보드카 종주국' 타이틀을 가져갔지만, 이 보드카는 소련, 지금의 러시아 국민의 평균 수명을 짧게 만든다. 구소련연방 시대에 경제가 정체되고 정치와 언론 활동의 자유가 탄압당하자 그로 인한 불만으로 다수의 국민이 보드카에 중독되는 상황이 발생한다. 그래서 고르바초프는 페레스트로이카의 일환으로 보드카의 제조를 줄인다. 하지만 국민은 보드카를 더욱 원했고, 자택에서 밀조를 한 보드카를 만들기 시작했다. 결과적으로 효과도 못 내고, 귀중한 국가 세금마저도 떨어져 소련은 재정난에 휩싸이게 된다. 때문에 소련을 무너트린 것은 보드카를 일시적으로 못 마시게 한 것이 원인이라고 말하는 경우도 있다. 한때 보드카 섭취량이 한참 많을 때는 성인 남성의 평균 수명이 56세 전후까지 내려간 적도 있다. 이후 보드카 섭취를 줄이자는 인식이 퍼지자 최근에는 65세까지 올라갔다. 그래도 우리나라에 비해 여전히 평균 수명이 10세 이상 낮다.

54

근대 모더니즘의 대명사, 폭탄주

얼마 전까지 방송가와 서점가에서 가장 주목을 받았던 철학자가 있다. "신은 죽었다."라는 말을 남긴 인물, 독일의 철학자 프리드리히 니체다. 1847년에 태어나 1900년에 사망한 그는 삐뚤어졌던 근대 모더니즘에서 탈피하여, 다양성과 탈권위주의, 무엇보다 인간본연의 가치를 중요시한 실존주의와 포스트모더니즘에 엄청난 영향력을 남긴 철학자다. 기존의 것을 깼기 때문에 망치를 든 철학자, 그리고 19세기의 사상을 벗어난 20세기를 연 철학자라고도 불린다.

니체가 탈피하려고 한 모더니즘은 무엇일까? 간단히 말해 인간의 이성을 중심으로 한 합리의 철학이다. 한때 신본주의에서 인본주의로 유럽의 르네상스를 이끈 사상이었지만, 이러한 좋았던 모습은 시간이 지나면서 변질된다. 합리를 추구하며 효율만 생각하다 보

3장 술, 마시다: 산업과 문화

니 노동자를 상품이나 기계처럼 취급했고, 인류에 좋은 유전자를 남겨야 한다는 이성적 판단 아래 우생학이라는 삐뚤어진 학문도 만들어 냈다. 세상의 모든 것을 주체와 객체 이분법으로 나누어 우열을 가렸고, 이렇게 나눈 우열을 토대로 세상의 진리를 하나로 통합시켰다. 문제는 진리에 따르지 않거나 속하지 않는 부류에게는 억압과 탄압이 따라갔다는 것이다. 그 결과 인류는 독일의 홀로코스트 및 제1차·2차 세계대전이라는 비극을 맞이하게 된다.

한국의 술 문화도 이러한 근대 모더니즘과 유사한 모습이 있다. 술의 본질을 오직 마시고 취하는 것이라고 획일적으로 생각하는 부분이다. 이러한 사상 속에서 가성비로 저렴하게 취할 수 있는 제품이 속속 등장한다. 소주는 우리 농산물로 만들어 증류하는 것이 아닌, 단순히 주정에 물을 타서 만들면 되었고, 막걸리는 수입 밀가루로 만들면 충분했다. 그리고 맥주는 그저 시원하고 탄산감이 좋으면 충분했다. 삐뚤어진 진리 아래 합리주의와 이성론이 결합했으며, 이렇게 한국의 술 문화는 지역의 다양한 문화를 가지고 있음에도 그 진실을 외면한 채 획일적으로 변모해 간다.

폭탄주의 본격적인 등장

싸게, 많이, 빨리 취하자는 인식이 고도 성장기와 맞물려 생겨난다. 빠른 성장을 추구했던 만큼 빨리 취할 수 있는 폭탄주가 유행하기 시작한 것이다. 위스키에 맥주, 소주에 맥주 등을 섞은 술들은 과음을 유발했고, 이는 음주에 대한 나쁜 이미지를 더 부각했다. 여기에는 강압적인 술 문화, 마시고 싶지 않아도 어쩔 수 없이 마셔야 하는 나쁜 술 문화가 자리를 차지한다. 체질적으로 알코올 해독 능력이 없어도 마셔야 했으며, 못 마시면 술도 못 마신다는 비아냥까지 들었다. 이때의 한국 술 문화는 권위를 필두로 한 권위와 규칙, 강압과 폭력이 함께 했던 것이다.

모더니즘이 순수 이성과 합리론이라면, 그 반대는 포스트모더니즘이다. 근대의 권위와 규칙을 깨트리며 자유스러움을 추구하는 철학이다. 현대 미술, 철학, 다인종, 다변화, 다원화 등이 여기에 적용되며 서로 다름을 인정하려는 문화다. 그리고 술에도 포스트모더니즘과 같은 사상이 적용된다. 바로 1970년대 미국에서 시작한 크래프트 맥주다. 독일의 맥주 순수령에 맞춰 단순했던 맥주에 반기를 든 이 운동은 벨기에 등 다양한 곳에서 빚어지는 여러 맥주를 모티브 삼아 미국에서 센세이션을 일으킨다.

이러한 현상은 맥주뿐만이 아닌 와인과 한국의 술에도 영향을 미친다. '자연이 주는 그대로를 와인으로'라는 철학 아래 다시 태어난 내추럴 와인, 10년 전 지역 막걸리 붐을 시작으로 틀에 얽매이지 않은 기법의 전통주 등이 이러한 획일적인 주류 시장을 깨트려가고 있다. 대자본이라는 권위, 규칙, 규율, 통제, 엘리트주의에 반대하며 인간 본연의 창의적인 모습 속에 내 고장, 내가 사는 곳이라는 로컬 문화를 추구하는 것이 바로 포스트모더니즘, 현대 철학으로 연결되는 부분이다.

한국의 음주 문화에 있어서 가장 권위적이었던 부분은 윗사람이 아랫사람에 내리는 하사주와 같은 부분이다. 무조건 마셔야 했고, 거부하면 후환이 있기도 했다. 다행히도 이러한 문화는 사라져가고 있다. 그것은 권위주의가 무너지고, 개개인의 인격과 생각, 그리고 다양성이 중시되는 시대로 바뀌고 있다는 의미다.

"신은 죽었다."라고 주장한 니체는 진짜로 신이 죽었다기보다는 신에게만 의지하는 자율적이지 않은 인간을 비판했고, 반대로 인간 스스로 생을 긍정할 수 있는 주체적인 인간이 되기를 권고했다. 지금의 변화하는 술 문화를 보면 니체가 원하는 주체적 인간이 많아지는 현상으로 보인다. 폭력적이고 강압적인 폭탄주 문화를 거부해가는 한국의 모습, '폭탄주는 죽었다'는 것은 바로 권위주의가 사라지는 변화의 바람에 던지고 싶은 한마디이다.

술을 통해 알게 된 인류의 보편적 가치

어릴 적에는 이분법적인 사고방식을 자주 접했다. 세상의 모든 것은 두 개로 나눠졌다. 남자와 여자, 부자와 가난한 자, 옳고 그름, 선과 악, 강자와 약자, 도덕과 부도덕, 진실과 거짓, 삶과 죽음, 무죄와 유죄, 대와 소, 자본주의와 공산주의 등이었다. 이렇게 이분법적인 시선으로 세상을 바라보다 보니 객관적인 관점을 가지지 못한 채 살아갔다.

술에 관한 인식도 마찬가지였다. 한국의 술은 늘 저급이었고, 외국의 술은 고급이었다. 와인은 격식을 갖춘 술이었으며, 한국의 막걸리와 소주는 저렴한 막술과 같은 개념이었다. 프랑스는 절대적인 와인 종주국이었고, 위스키는 스코틀랜드만의 전유물이었다. 맥주는 독일이 전부라고 생각했다. 그들의 문화는 마냥 훌륭하게 보였고, 그 문화와 우리 술 문화는 이어지는 것이 없다고 생각했었다. 젊은 날의 짧은 생각이었다.

술을 공부하면 공부할수록 다른 점보다는 공통점이 눈에 들어

왔다. 와인과 소주 사이에도 공통적인 문화가 있다. 와인은 보통 호스트가 먼저 와인 맛을 보고, 게스트에게 따라 주는 호스트 테이스팅Host tasting을 진행한다. 이 과정에서 색과 향, 맛을 본다. 가장 중요한 것은 와인에 코르크 가루가 떨어져 있는지를 체크해야 한다는 것이다. 불순물이 떨어진 와인을 게스트에게 주면 실례이기 때문이다. 그래서 와인의 첫 잔은 좋다고 여기지 않는다. 이것과 유사한 것이 바로 소주의 병목을 치는 행위다. 이렇게 하는 이유도 와인의 경우처럼 불순물을 제거하기 위한 것이다. 서민 술인 소주나 고급 술인 와인 모두 배려하는 문화를 가지고 있는 셈이다.

맥주와 막걸리도 유사한 부분이 있다. 이 두 술의 공통점은 탄산이 있다는 것이다. 식품 전문가들은 이 탄산이 미각을 마비시키는 기능이 있다고 말한다. 기름진 맛을 잘 잡아 주는 것이 아니라, 그 기름진 맛을 못 느끼게 한다는 것이다. 그래서 맥주와 막걸리 둘 다 기름진 음식이 잘 어울린다. 마찬가지로 탄산이 있는 샴페인도 파전과 잘 어울리며, 막걸리도 스테이크와 충분히 잘 어울린다.

소주와 고량주도 마찬가지다. 삼겹살집에 가면 테이블을 소주로 닦는 것을 볼 수 있다. 소주의 알코올이 기름 분자를 분해해 잘 닦이게 하기 때문이다. 이러한 현상은 우리 입속에서도 똑같이 일어난다. 삼겹살의 기름이 입안에 가득 차면, 소주가 입속을 휘몰아치며 기름을 분해해 식도로 내려보낸다. 기름진 음식이 많은 중식에 고량주가 잘 어울리는 이유 역시 유사한 맥락이 있다. 고량주의 높은 알코올 도수가 기름진 맛을 깔끔하게 내려 주기 때문이다.

결국 인간이 만들어 놓은 국경으로는 이 모든 습성과 행동, 문화를 이분법적으로 구분 지을 수 없다. 그것보다 더욱 중요한 것은

에필로그

인류라는 보편성이다. 우리는 지금까지 이러한 인류의 보편적 가치관 아래 함께 문명을 만들어 왔기에 차별점보다는 공통점이 더 많다. 인류는 인종, 국가, 민족, 동서양으로 단순히 잘라낼 수 없는 하나의 공동체적 가치를 가지고 있다. 문화에는 국경이 없다. 이것이 술이 내게 알려 준 가장 큰 가르침이 아닌가 싶다.

마지막으로 이번 책을 쓰는 데 많은 도움을 주신 이진형 님, 조인선 님, 문정훈 님, 윤의준 님, 엄경자님, 장주연 님, 류인수 님, 박승용 님, 최수현 님, 김준철 님, 김지수 님, 장재열 님에게 감사드린다.

가이우스 플리니우스 세쿤두스, 《플리니우스 박물지》, 서경주 역, 노마드, 2021

김동주, 《기독교로 보는 세계역사》, 킹덤북스, 2020

김산해, 《최초의 신화 길가메쉬 서사시》, 휴머니스트, 2020

김준철, 《와인》, 백산출판사, 2023

김헌, 《김헌의 그리스 로마 신화》, 을유문화사, 2022

다니엘 리베이르, 《프랑스의 역사》, 최갑수 역, 까치글방, 1998

데즈먼드 수어드, 《백년전쟁 1337~1453》, 최파일 역, 미지북스, 2018

루이스 다트넬, 《오리진》, 이충호 역, 흐름출판, 2020

마크 쿨란스키, 《우유의 역사》, 김정희 역, 와이즈맵, 2022

마크 포사이스, 《걸어 다니는 어원 사전》, 홍한결 역, 월북, 2020

문정훈, 《진짜 프랑스는 시골에 있다》, 상상출판, 2021

서은경, 문정훈, 《음식의 가치》, 예문당, 2018

심현희, 《맥주, 나를 위한 지식 플러스》, 넥서스, 2018

엄경자, 《와인 입문자를 위한 Wine Book》, 아티오, 2021

에이미 스튜어트, 《술 취한 식물학자》, 구계원 역, 문학동네, 2016

와타나베 마리, 《세계사를 품은 스페인 요리의 역사》, 권윤경 역, 따비, 2019

유성운, 《싱글 몰트 위스키 바이블》, 위즈덤스타일, 2013

윤덕노, 《음식으로 읽는 로마사》, 더난출판사, 2020

윤선자, 《이야기 프랑스사》, 청아출판사, 2006

이대형, 《술자리보다 재미있는 우리 술 이야기》, 시대의창, 2023

이상희, 《한국의 술문화》, 선, 2009

이석인, 《포도에서 와인으로》, 시대의창, 2022

이종기, 《이종기 교수의 술 이야기》, 다할미디어, 2009

재레드 다이아몬드, 《총, 균, 쇠》, 김진준 역, 문학사상, 2005

정기문, 《처음부터 다시 배우는 서양고대사》, 책과함께, 2021

제인 앤슨, 《보르도 전설》, 박원숙 역, 가산출판사, 2020

조승원, 《버번 위스키의 모든 것》, 싱긋, 2020

천위루, 양천, 《금융으로 본 세계사》, 하진이 역, 시그마북스, 2014

케빈 R. 코사르, 《위스키의 지구사》, 조은경 역, 휴머니스트, 2016

타키투스,《게르마니아》, 박광순 역, 범우사, 2006

패트릭 E. 맥거번,《술의 세계사》, 김형근 역, 글항아리, 2016

플루타르코스,《수다에 관하여》, 천병희 역, 숲, 2010

한양대학교 아태지역연구센터,《카프카스와 중앙아시아 문화연구》, 민속원, 2017

허승철,《조지아의 역사》, 문예림, 2016

허승철,《코카서스 3국의 역사와 문화》, 고려대학교출판문화원, 2019

헤로도토스,《헤로도토스 역사》, 박광순 역, 범우사, 2001

홍익희,《유대인 이야기》, 행성B잎새, 2013

Becky Sue Epstein,《ブランデーの歴史 (「食」の図書館)》, 大間知 知子 역, 原書房, 2017

Christopher Tyerman,《God's War: A New History of the Crusades》, Belknap Press, 2009

Edward Clodd,《Story of the Alphabet》, Kessinger, 2003

Gary Regan, Mardee Haidin Regan,《The Book of Bourbon and Other Fine American Whiskeys》,
    Chapters Pub Ltd, 1995

Gavin D. Smith,《ビールの歴史 (「食」の図書館)》, 大間知 知子 역, 原書房, 2014

Gerald Carson,《The Social History Of Bourbon》, Literary Licensing, LLC

Hammurabi, King of Babylon,《The Oldest Code of Laws in the World》, C. H. W. JOHNS, M.A.,
    Project Gutenberg, 2005

Harold J. Grossman ,《Grossman's Guide to Wines, Beers, and Spirits》, Wiley, 1991

Hugh Tait,《Five Thousand Years of Glass》, University of Pennsylvania Press, 2004

Jean Bott´ero,《The Oldest Cuisine in the World》, University of Chicago Press, 2011

Kevin R. Kosar,《Whiskey: A Global History》, Reaktion Books, 2010

Martin Gilbert,《American History Atlas》, Weidenfeld & N, 1968

Philip Babcock Gove,《Webster's Third New International Dictionary, Unabridged》, Merri-
    am-Webster, Inc., 1993

Plutarch,《Moralia》, Harvard University Press, 1927

Richard Foss,《The History of Rum Sake》, 内田 智穂子 역, 原書房, 2018

Roger Dion,《Histoire de la vigne et du vin en France》, Clavreuil, 1959

Roger Dion,《Histoire de la vigne et du vin en France》, CNRS Éditions, 2010

Ruth Hurst Vose,《Glass》, Collins, 1980

土屋 守,《ビジネスに效く 教養としてのジャパニーズウイスキー》, 祥伝社, 2020

島村 菜津, 合田 泰子, 北嶋 裕,《ジョージアのクヴェヴリワインと食文化》, 誠文堂新光
社, 2017

梅原猛,《ギルガメシュ》, 新潮社, 1988

内藤博文,《世界史を動かしたワイン》, 青春出版社, 2023

김동조, 〈고대 이집트의 종교〉, 명지대학교 창조과학연구소, 2002

김성엽, 〈영국인의 자유, 식민자의 권리: 영국 헌정주의, 정착민 식민주의, 그리고 미국 독립혁
명의 대의〉, 미국사연구, 한국미국사학회, 2019

김준철, 〈와인 · 코냑의 역사와 과학〉, 과학과 기술, 한국과학기술단체총연합회, 2003

김태형, 〈10-11세기 교회의 개혁을 위한 노력〉, 대구가톨릭대학교 석사학위논문, 2016

김형곤, 〈조지 워싱턴의 꿈의 실현을 위한 준비된 리더십 : 대륙군 총사령관 임명을 중심으로〉,
미국사연구, 한국미국사학회, 2013

김형곤, 〈미국 독립전쟁기 아메리카인들의 심리적 갈등〉, 역사와실학, 역사실학회, 2016

박록담, 〈한국의 전통 - 역사의 부침과 함께해온 전통주〉, 한국식품연구원, 2009

박용진, 〈샤를마뉴의 대관식 의례와 그 의미〉, 이화사학연구소, 2015

박이랑, 〈유대인과 반유대주의〉, 마르크스21, 2018

신성자, 〈창조와 홍수에 관한 성경과 고대 근동문화의 비교 - 창세기와 에누마 엘리쉬, 길가메
쉬 서사시를 중심으로〉, 신학지남사, 1996

신성자, 〈창조와 홍수에 관한성경과 고대근동문헌의 비교〉, 한국중동학회, 1996

신성해, 〈고대 이집트의 종교와 예술〉, 원광대학교 인문학연구소, 2005

심종석, 김봉철, 〈유럽 맥주의 발전과 독일 맥주순수령의 경제적 함의〉, EU연구, 한국외국어대
학교 EU연구소, 2022

심지영, 〈프랑스 명품 브랜드 와인의 성공 요인에 관한 연구〉, 한국방송통신대학교 석사학위논
문, 2018

엄익란, 〈주류문화 1 - 이슬람 세계와 술 문화〉, 한국주류산업협회, 2011

윤용수, 〈중세 유럽에 대한 이슬람 문명의 영향 연구〉, 부산외국어대학교 지중해지역원, 2005

이동필, 〈전통 우리술의 세계화를 위한 정책과제〉, 식품산업과 영양, 한국식품영양과학회,
2006

이상덕, 〈고대 그리스 비극에 나타난 미아스마 개념과 히포크라테스〉, 고려대학교 역사연구소, 2022

이향만, 〈히포크라테스 의학의 과학적 방법론과 생명윤리학적 함의〉, 서강대학교 생명문화연구소, 2017

이현영, 〈팬데믹(Pandemic)의 음악적 승화: 니체(F. Nietzsche)의 '디오니소스'와 '운명애', '위버멘쉬' 개념을 중심으로〉, 대한철학회, 2022

장지원, 〈헤시오도스『일과 날』의 교육적 의미〉, 한국교육철학회, 2014

장지원, 〈고대 아테네 시민교육 연구: 아리스토파네스의 희극을 중심으로〉, 한국교육철학회, 2020

전춘명, 〈유럽 수도원 맥주에 담긴 사회·문화적 배경 분석〉, 한국독어독문학회, 2021

정기문, 〈도미티아누스의 기독교 박해〉, 한국서양고전학회, 2021

조병수, 〈이집트 종교의 동물숭배〉, 합동신학대학원대학교 출판부, 2017

조재형, 〈디오니소스 신현현(神顯現)으로 살펴본 가나 혼례식(요 2:1-12)의 포도주 표적과 예수의 등극(登極)〉, 한국신약학회, 2023

조준현, 〈내추럴 와인과 바이오다이내믹 와인〉, 대한설비공학회, 2020

조희수, 〈재앙의 근원 혹은 변화의 과정: 근대 미국의 대륙횡단철도史〉, 한국서양사연구회, 2013

차승현, 〈카롤루스 왕조 초기의 변경정책 에스파냐 변경백령(Marca Hispanica)의 탄생〉, 고려대학교 역사연구소, 2022

최경란, 박미영, 〈니체의 디오니소스적인 것과 승무의 신명(神明) 연구〉, 한국무용연구학회, 2022

R Landau, AJ Arberry, 〈Arab Contribution to Civilization〉, American Academy of Asian Studies, A school of the College of the Pacific, 1958

일본 국세청, 주세가 국가를 지탱한 시대(酒税が国を支えた時代), https://www.nta.go.jp/about/organization/ntc/sozei/tokubetsu/h22shiryoukan/01.htm

Kane, Kathryn "The Glass Excise and Window Taxes", The Regency Redingote, 2008.10.10

술기로운 세계사
하룻밤 술로 배우는 세계사

초판 1쇄 발행 2023년 7월 19일
초판 5쇄 발행 2024년 4월 17일

지은이 명욱
펴낸이 박영미
펴낸곳 포르체

책임편집 김다예
마케팅 정은주
디자인 황규성

출판신고 2020년 7월 20일 제2020-000103호
전화 02-6083-0128 팩스 02-6008-0126
이메일 porchetogo@gmail.com
포스트 https://m.post.naver.com/porche_book
인스타그램 www.instagram.com/porche_book

ⓒ 명욱(저작권자와 맺은 특약에 따라 검인을 생략합니다.)
ISBN 979-11-92730-63-9 (03900)

여러분의 소중한 원고를 보내주세요.
porchetogo@gmail.com